正义教室

培养思辨力的
哲学启蒙轻小说

〔日〕饮茶 著　张雅蒙 译

上海三联书店

CONTENTS
目　录

一个男人的选择

序章

暗红色火焰挡住了去路。

那团如同活物般摇曳的火焰，在狭窄的走廊里紧贴着墙壁缓缓蠕动，搜寻着成为下一个猎物的燃料。它匍匐在一面贴满画纸的白色墙壁上，那些画色彩斑斓，排列整齐，应该是孩子们画的。火焰咽下一幅又一幅画，然后毫不留情地在整面墙壁上蔓延开来，准备将画纸吞噬殆尽。面对这样的情形，这个男人必须作出选择。

向右？……还是向左？……哪条路才是正确的？

当他在火场中拼命前行，终于到达走廊的尽头时，到底要右转，还是左转？在这个丁字路口，他必须迅速作出选择。

到底哪条才是正确的路？

然而，他踌躇不定。这绝不是为了逃离火灾现场——被火吞没的走廊，而是选择路线的问题。如果是决定逃跑路线，问题就简单多了，朝着火小的方向，转过头，原路返回便是。

但是，他的脑海中没有"逃跑"这两个字。因为他是从安全地带逆行而来的。他之所以不顾周围人的阻拦，凭着自己的意志毅然投身到这场火灾中，是因为他是消防员。

虽然是消防员，但今天并不该他出勤，他只是碰巧出现在火灾现场而已，所以并没有穿戴防火服之类的消防装备。

即便这样，他也觉得自己肩负着消防员应尽的职责。此时此刻，他是在场的所有人中对火灾最为了解的专业人员，因此，他觉得自己有义务竭尽全力帮助他人。

但如果仅是如此，他不会连像样的消防装备都没有，就鲁莽地冲入火海之中——自己的女儿也被困在其中。作为一个父亲，无论是不是消防员，他都会舍身相救。

这天，男人一如既往地在自己的口袋里放了一个大塑料袋，以备不时之需。"呼啦"一声，撑开的塑料袋充满空气，膨胀了起来。他把塑料袋套在头上，避免吸入浓烟，以此来维持短时间内的行动。

靠着这种简陋的装备，男人冲入了一所规模不小的幼儿园。这所幼儿园位于日本东京都一处安静的住宅区。因为常常来这里接送 5 岁的女儿，所以他对这栋建筑了如指掌。

原本他没有必要犹豫，很清楚应该怎么走，也深知只要在丁字路口右转，就可以到达教室。那里是男人每次接送女儿的地方，也是这所幼儿园中最大的一个房间，通常会有大约 30 个小朋友在那里唱歌、跳舞、玩玩具。

放学的时候，男人总是在门口微微探头，喊女儿的名字。女儿则高兴地飞奔过来说"我去收拾一下，马上回来哦"，接着她会回到教室，把玩具都捡起来放进箱子里，跟小伙伴和老师认真道别后，再走到父亲的身边。没想到在家里无法无天、撒娇使性的女儿，到了幼儿园却表现很好。男人为了能看到女儿如此可爱的一面，时常自告奋勇，代替妻子承担起接送女儿的任务。

只要右转就可以到达那间教室，可是，女儿今天并不在那里。来幼儿园前他接到电话，得知女儿突然发烧了。

园所规定，一旦孩子出现发烧的症状，为避免传染，应先将其转移到医务室，再与父母取得联系，以便他们尽快接走孩子。碰巧今天男人没有出勤，于是就来接孩子了，他很清楚"女儿在医务室而非教室"。

去医务室要在丁字路口左转，与教室的方向相反。因此，想要救女儿，左转即可。

但是……男人思索着。

教室里有很多孩子，不去救他们，而先救女儿，这样做正确吗？

"身为消防员，应当把家人放在最后。"

在消防员必须遵守的规定和基本原则里，并没有这一条，这只是崇高的理念罢了。

当发生地震等重大灾难时，消防员或医生以担心家人为由，放弃自己的职责，置眼前受苦受难的众人于不顾——这样的行为，怎么想都不可取。

话虽如此，但今天是休息日，自己也并非因工作来到这里，况且又没有像样的消防装备，即使孤身一人到了教室，又能作多大贡献呢？相反，如果因只能救出寥寥数人，就选择先救女儿，那么无论作为父亲还是作为普通人，都不对吧？

此时的他内心纠结不已。然而，越纠结越作不出选择。

向右？……还是向左？……哪条路才是正确的？

在这样的时刻，不对，或许正是因为在这样的时刻……孩童时代的回忆像走马灯一样浮现在男人的眼前。

对，自己从小就想成为正义的英雄。

男人想成为正义的英雄，在众多危急时刻潇洒登场，拯救众人的生命。没错，自己正因为对英雄满怀憧憬，才选择了当消防员。

消防员——正义的英雄，遇到同样的状况会采取什么样的行动？恐怕，不，毫无疑问……会不顾亲情，去救大多数的孩子！

男人决定向右转。他意识到，与其受情感摆布，不如跟随自己的内心，做正义的英雄，这才是"绝对正确的事情"。

然而，这个时候……

"爸爸……"

他听到了女儿的声音，这也许是大脑不由自主产生的幻听。但是，那声音明显是从左侧——医务室的方向——传来的……不过，它很快被淹没在连续不断的燃烧声中，再也听不到了。

男人立刻跑了起来。他穿过熊熊火焰包围着的走廊，来到道路的尽头，拐向了医务室所在的左边。当然，这也意味着他选择了"救女儿"。

对女儿的思念之情一直笼罩在他的心头，此刻更是无法消退。从女儿出生到现在，男人在她身上倾注了太多的时间和爱。

为了女儿，男人忘我地奔向了左边。此时的他是一个父亲，"父母保护子女"才是"绝对正确的事情"。

但是……突然传入耳中的另外一些声音，使男人停下了脚步。

他的身后，丁字路口的右侧，传来了陌生孩子的哀鸣。这次绝不是幻听，它们真真切切地从教室方向传来。不，那不是哀鸣，是歇斯底里的尖叫声，而且是从未听到过的尖叫声。

作为一个常常出入儿童场所的父亲，他本以为自己早已习惯了孩子们的吵闹。

比如，小孩子摔倒在地、擦破膝盖时的大哭，或在玩具店被强行拉走时的哭闹。

而那些哭闹声，是不能跟此时听到的声音相提并论的。它们是大人们无法发出的，是不顾周围的目光、使出浑身力气发出的尖叫声，是生命在难以承受死亡之痛时发出的声音，是真真切切的尖叫声。

火苗蹿到孩子们的衣服上燃烧起来，他们在难以忍受的痛楚中逐渐凋零——这样的画面浮现在男人的脑海中。

男人停下脚步，转过头。

对孩子们的尖叫声置之不理，而前去救自己的女儿，这真的正确吗？

向右？……还是向左？……哪条路才是正确的？

已经没有时间犹豫了。男人选择了其中的一条路。

＊ ＊ ＊

数天后，一个平静慵懒的下午，电视台的新闻节目清一色地报道着几天前发生的幼儿园火灾事件。报道的焦点是年幼的受害者……还有发生在火灾现场由"消防员的选择"引发的争论。

电视画面中处在舆论中心的人物——是那个身为消防员的男人。

他面色憔悴，双目无神，看起来已经连续几天没有合眼。无数支话筒像长枪似的伸向他。他已经不愿再提起火灾现场的情况了，但面对众多记者，他又不得不一遍又一遍地重复。记者们对这个有气无力、语言生硬的父亲逐渐失去了耐心。

他没说一句假话，只是将自己的所见所感原原本本地陈述出来，前后没有任何矛盾。然而，仅是如此还不能令记者们满意，因为这不够感伤，不足以成为新闻反复报道的焦点。

这帮人想要的，是这个当事人的情绪波动：号哭、呜咽。这才是他们真正期待见到的画面。

但是，他们不能因此就强行触怒当事人。毕竟这是大众广泛关注的热门事件。

男人只是碰巧出现在火灾现场，只是投身火海的一个歇班消防员。如果穷追不舍地对他逼问，让他对此次死伤事件负责，报道方可能会受到谴责，会引发更大的舆论"火灾"。

所以，采访者改变了方式，开始提问一些用"是"或"不是"来回答的问题。

"你认为自己采取的行为是正确的吗?"

"……"

男人第一次出现了语塞。

他们敏锐地察觉到了男人的变化,觉得这是一个可以激发当事人情感的绝佳机会,于是开始连珠炮似的抛出类似的问题。

"你认为自己采取的行为是正义的吗?"

男人浑身僵硬,无言以对。

记者们摩肩接踵,把话筒进一步伸向男人的脸,焦急又故作镇定地等待着他的发声。

"不……并不……正义……"

男人有气无力地回答完,便闭上了微微颤抖的双唇。记者们迅速把无数个闪光灯聚焦在他的脸上。接着,男人发出了巨大的呻吟声,脸颊也随之鼓了起来,胃里的东西一股脑儿地飞向了记者们。

第1章 她们的道德观

"什么是正义?"

昏睡之中,我抛出了这个问题。

"正义到底是什么?"

这个问题没有任何意义。

它是一个自远古以来就被人不断诘问的历史性难题。我非常清楚,纵使自己绞尽脑汁,也无法得出任何答案。

即便如此,我仍认为我小时候是能回答这个问题的。不,恐怕不只我能回答。对于这个历史性难题,如果限定由小时候的自己回答,恐怕每个人都能充满自信地给出答案。

难道不是吗?

"守护和平的英雄"和"征服世界的黑暗使者"。

"警察"和"小偷"。

"被欺负的孩子"和"欺负人的孩子"。

哪一方正义,哪一方邪恶,不必思考,一目了然。孩童时代的正义就是这样——"它对任何人而言都显而易见、单纯明快"。

所以,小时候的我对自己心中的正义深信不疑,甚至能勇敢地伸张正义：

"喂，住手！欺负人是不对的！"

然而……随着年龄的增长，那一份正义渐渐行不通了。

"啊？你在说些什么玩意儿？"

"你小子，真多嘴啊。"

阻止霸凌、帮助有困难的人、认真完成卫生值日任务，这些原本都是"正确的事情""理所当然的正义"。

然而不知何时，这份"理所当然的正义"对大家来说不再理所当然，伸张正义的人反而被看作"没眼力见儿的、可悲的家伙"。

为何会如此？大家小时候明明都喜欢正义的英雄——甚至一度相信电视中的英雄真的存在，从什么时候开始变得嫌弃伸张正义了？一定是因为大家在某个瞬间发现，正义不过是冠冕堂皇的漂亮话罢了。

那个瞬间，就是孩子们发现，父母口中的"如果不是一个好孩子，圣诞老人不会给你发礼物哦"，只是他们站在自己立场上捏造的谎言的时候。不……或者是，当孩子们发现，正义的英雄只是电视中虚构的人物的时候。

总而言之，少年时笃信的"正确的"事情，忽然有一天，被发现是虚构的故事，而存在的现实却是另一番模样。因此，那个如童话般美妙的"正义"幻想，也就无法令人相信了。

那么，假如有一个家伙到了一定年龄，仍然大肆标榜、宣扬正义："不许干坏事！不然我就告诉老师！"这样的家伙要么是一个还相信圣诞老人的幼稚鬼，要么是一个眼界狭窄、不合群的奇葩。

这样的人……会遭人嫌。

"什么是正义？"

小时候，心中的"正义"如此分明，如今却异常模糊，我已经不清楚到底什么才是正义了。

但是，我已经不是小孩子了。现在回想起来，我似乎是一个比同龄人稍晚意识到"正义不过是冠冕堂皇的漂亮话"的人。

最终，我和大家一样，也变成了不相信正义的人……我仍旧说霸凌是不好的；但当看到比自己弱小的同学出糗时，我却和大家一起嘲笑他。

我终于变成了一个"正常人"。

为了确认这个事实，我常常自问："正义到底是什么？"

我依旧不知道。正义到底是什么，我已经完全不清楚了。

"正义……"

说到底，正义像儿童节目里的英雄一样，都是虚构的。在这个世界上，根本不存在正义。

"正义同……"

关于正义，我已经——

"正义同学？"

"啊——"

一声大喊把陷入沉思中的我拉回了现实，女生的脸已经凑到我的耳边。

我慌慌张张地回想刚刚发生的状况：这里是学校，现在是放学后。我正在学生会办公室里参加学生会的定期例会。

"正义同学，你在认真听吗？"

眼前的这个女生正冷冰冰地盯着我，她叫德川伦理，是学生会副会长。

我本想找借口糊弄过去，但终于放弃了这个念头，老实承认：

"不好意思，可以再说一遍吗？"

"没有认真听对吧？"

"呃……嗯，不好意思……"

"为什么呢？难道没有作为学生会会长的自觉性吗？"

"不，不是的……"

"那你为什么做不到在会议上专心听讲呢？这不是理所应当的吗？"

"那是因为，哎呀……"

"哎呀……然后呢？"

可真是太烦人了。刚才果然应该找个借口糊弄过去……

副会长伦理一直如此。我这个学生会会长稍有不慎就会被她唠唠叨叨地逼问个没完。话说，刚才我都已经说了两次"不好意思"来道歉了。我不由得气愤起来。

说真的，我不太擅长应付她。

德川伦理是我高中一年级时的同学。当时我是班长，她是副班长。到了二年级，虽然被分到了不同的班级，但现在我是学生会会长，她是副会长，我们又以这种形式重逢了。这也许就是传说中的"孽缘"。我们相处的时间比较长，关系很近，可以直呼对方的名字，但很遗憾，我们之间还没有建立起相互信赖的关系。

说到底，是"干劲"的问题。

我虽然是学生会会长，但这并不意味着我就是一名优等生——当班长的时候也是如此。说实话，我根本不想当什么学生会会长。但那个双马尾女生——看到我被副会长责难而疯狂偷笑的白痴发小——推举我当上了学生会的会长。

而伦理，人如其名，是一个看重伦理的模范优等生。听说她还有个外号，人称"学校的良心"。当然，她在现在这个位置完全是出于自愿。

跟她比起来，我太缺乏干劲了。所以，面对干劲十足的伦理，我自然有满满的挫败感，而且下意识觉得她很难对付。同样，伦理面对我时也无比苦恼：为什么这样的家伙能当上学生会会长啊？

哎，不过……学生会在我这个会长的"带领"下依然能顺利运转，毫无疑问，都得益于她的才干。所以，要是惹副会长大人不开心，那事情就不好办喽。眼下还是要忍气吞声，暂且收起胸中挥舞的愤懑之拳，笑着赔个不是，敷衍过去罢了——

"已经够了！"

我的话正要出口，伦理却转过身去。嘻——从头到脚都在谄笑的我，摆出的还是双手合十的求饶姿势——竟然被完完全全地无视了，超受打击啊。旁边的白痴发小正憋笑憋得浑身抽搐。可恶，幸灾乐祸的家伙。等会儿一定收拾你……白痴！

"倒卖炒面面包"与正义相悖吗？

转过身的伦理径直回到了黑板前。在定期例会上，那里是伦理的专属位置。当然，那里原本应该是我这个学生会会长的位置……对不起，我没有主持会议的能力，所以不得不退位让贤。

"下面回到正题，关于小卖部投诉的事情……"

伦理的声音清澈悦耳，宣布会议继续。

我看着伦理，心想，她虽然性格如此……但秀发及腰，刘海齐眉，让人不禁想到日本娃娃，这种纯日式的发型与端正的脸庞相得益彰，堪称"秀美的大和抚子[1]"，简直是无可挑剔的美少女。

要是性格再温柔一点的话，人气会比现在更高……

我一边瞎想着有的没的，一边盯着她清秀的脸庞，结果一不小心与伦理的目光触碰到了一起，顿时有点心慌。同时，我的余光又瞟到白痴发小正满脸不悦地怒视着我……莫名其妙，果断无视。

"会长，你听说过炒面面包吗？"

---

[1] 大和抚子（やまとなでしこ），是日本文化中的一个形容用语，并不是一个人的名字，指代性格文静矜持、温柔体贴并且具有高尚美德气质的女性。大和抚子型女子通常被看作"理想女性的代表"或具有"典型的纯粹女性美"。——译注（以下如无说明，均为译注）

"诶?"

面对伦理突如其来的发问，我下意识地迟钝了。

"呃……炒面面包就是……夹着炒面的那种面包?"

"没错。就是那种碳水化合物夹碳水化合物的奇葩食物。"

这时，有人迅速接起了话茬。

"我说，炒面面包哪里奇葩了?"

这人正是刚才一直在我余光里的白痴发小。准确地说，是学生会的会计，最上千幸。

说白了，这货才是罪魁祸首、万恶之源。我之所以成为自己压根儿不想成为的学生会会长，参加压根儿不想参加的会议，全是拜她所赐。这个千幸，不知道使了什么坏，一有机会就举荐我去担任班长、学生会会长之类的要职。为了达到目的，不惜煽动全班同学，强行把我送到那些宝座上。她一定有幸灾乐祸的心理癖好。亏我小时候那么罩着她，现在她怎么变成这样了?

千幸晃动着她好不容易扎成双马尾的卷曲头发，向伦理发起了攻势。不过，你这家伙好像没那么喜欢吃炒面面包啊，有必要如此愤愤不平吗?

按道理来说，在学生会这个相当死板严肃的地方，有一个知根知底的小伙伴在场，是一件相当壮胆的事情。可实际上，千幸却是一个令人头疼的麻烦鬼，和副会长伦理的关系差到了极点。可能是出于某种竞争意识，她总因为一些鸡毛蒜皮的小事跟伦理抬杠。

千幸怒气冲冲地说道："我决不容忍鄙视炒面面包的行为，

请收回你的言论。"伦理目光冷漠，无言地听着。

我仿佛看到，空气在剑拔弩张的两人之间变得扭曲……

"嗯嗯，很好吃啊，炒面面包。"

全然不顾眼前紧张的气氛，用悠哉的语气发表着关于炒面面包感想的，是总务部的自由姐，也是学生会唯一的高三学生，全名 Liberty·自由·Freedom。

她穿着宽松的外套，坐姿也安然闲适，是一个混血儿。大美女自由有着浅色的齐肩大波浪，加上因低衣领而显得毫无防备的胸口，整个人呈现出一种特别的魅力。从某种意义上说，她跟伦理截然不同。她比我们高一个年级，所以伦理对她并没有太多的要求。

按道理来说，随着年纪更大、年级更高的自由的介入，千幸和伦理之间的无谓争吵应该收场才对……但我已经对此不抱任何希望了。

原因是，自由很喜欢围观千幸和伦理的争斗，并乐在其中。而且，我见过自由用我行我素的口吻，恰到好处地火上浇"油"，但从没见过她火上浇"水"。坦白说，自由亲切温和的笑容下，藏着极其腹黑的一面，有时候会让我觉得，她才是学生会的幕后大 Boss。

总之，伦理、千幸、自由，再加上我，学生会的成员只有我们四个人。乍一看，貌似我身在花丛中，左右逢源，其实是劳心费神，不得安宁。哎……快点结束吧，我想回家。

"在会议上讨论食物的喜好纯属浪费时间，所以先把这个问题放下吧。重点是，现在有人每天都把炒面面包买断货。"

哇！虽然千幸发了一大通牢骚，但伦理没有作任何回应，只是单方面结束了这个争论。伦理冷漠的反应像是在说"哈？你在会议上说些什么呀"。对此，千幸张口结舌，怒气值不断上升。可想而知，几秒之后千幸一定会这样反驳：

"明明是你先扯到食物喜好上的好吗！"

我和自由不一样，并没有享受她们二人争斗画面的癖好。我只想快点结束这个会议，自在地享受放学后的轻松时光。

在千幸作出反应之前，我赶紧插了一嘴，把话题向前推进。

"啊，是吗？原来炒面面包这么受欢迎啊！那，把它全部买走让别人买不到，就是小卖部投诉的问题吗？"

"不是，他们投诉的不是买不到，而是有人倒卖的问题。"

"倒卖？"

为了说明情况，伦理开始在黑板上画起来。由于话题转变，伦理也背过了身，错失反击时机的千幸用鼻子"哼"了一声表示不满后，便缄口坐下了。

不一会儿，伦理一边说"大概是这个样子"，一边拍了拍粉笔灰，重新开始说明。画风非常可爱，完全不符合她傲娇的性格。

"首先，在离小卖部最近的教室，有些同学利用地理位置上的优势，第一时间把炒面面包全部买走。然后，他们在小卖部的旁边，把买来的炒面面包每个加价 50 日元，倒卖给其他学生。"

"能卖出去吗，那个？"

"嗯，好像每天都能卖个精光。虽然我不太能理解。"

补充了一句多余的话之后，伦理结束了她的说明，扫视了一下在场众人的表情。随后，她"咚"的一声把两只手撑在课桌上，开始陈述自己的结论：

"此次的'炒面面包倒卖事件'是有违正义的行为。我提议学生会立即采取行动，果断取缔!"

所谓的议题原来就是这个……根本就无所谓嘛。这是我内心的真实感想。

"噢，倒卖炒面面包，对吧。"

虽然真的无所谓，但还是要装作在思考的样子。反正，无非就是说一些类似"学生之间的金钱交易有违风纪"这种场面话，去警告一下倒卖的同学。那就这样赶紧给出结论，各回各家!

"等等! 倒卖怎么就成了有违正义的行为啊?!"

慢了一步。千幸没等我开口，就抢先发了言。

她继续说道：

"归根结底，所谓正义，就是增加全体人民幸福度的行为。也就是说，让大家都获得幸福的做法，就是正义的行为! 所谓倒卖，说白了就是一个供应系统的事儿，重点是把物品提供给真正需要的人! 如果这样想的话——"

千幸挤开伦理，面朝黑板，用粉笔在伦理刚刚画的小卖部阿姨和购买者的脸上添添补补，强行把他们都改成了笑脸，并在周围加上了飞舞的花瓣。

"你看看! 小卖部的阿姨很幸福，因为炒面面包全部卖掉了！倒卖的人很幸福，因为赚到了钱！买的人很幸福，虽然多花了点钱，但还是买到了想吃的东西！炒面面包也很幸福，因为自己被真正喜欢的人买走了！无论怎么想，都必须承认，整体的幸福度，也就是幸福指数的总和在噌噌地往上涨！"

不对吧，最后那个"幸福指数"感觉有点奇怪。

"以上，倒卖炒面面包的正义行为，已经得到了完美的诠释！"

"哼哼"——千幸得意地挺起了小胸脯。她一直喜欢用谜一样的"幸福指数"来计算全员的幸福度，并声称只要幸福指数的总和是增加的，就是正义的……她这想法到底是从哪儿来的啊？

"而且，根据我的计算，倒卖炒面面包可以增加250点的幸福指数。"

千幸突然间朝我露出了笑容。

"哈，这么多，250点……"

这是什么鬼计算啊。我正想吐槽，但一想到这样的话肯定又要吧啦吧啦说个没完，便顺着她的话附和一下了事。

"幸福什么的先不谈，我也赞成千幸。"

自由保持着懒懒散散的姿势，举手发表意见。眼见自己的关键论据——幸福指数遭到无视，千幸露出了吃惊的表情。而自由却熟视无睹，用她惯有的我行我素的口吻说了起来。

"话说，用自己的钱，去买什么东西，买多少，买来干什么，这不是个人的自由吗？你说要取缔，具体怎么取缔？制定新校规吗？比如'禁止买断炒面面包'或者'禁止倒卖炒面面包'之类的？要是制定一条条琐碎的规章，那就没完没了了。"

原来如此，确实。啊，不过，这样的话……

"那，贴一张'每人限购一份炒面面包'的公告如何？"

我忽然想到这个办法。制定新校规的确有些夸张，能不能通过贴一张纸就轻松解决掉呢？我试探性地这么说了一句，结果……看到自由听完这个提议之后的表情，我马上就后悔了。

"正义同学……你的想法也太浅薄了吧？"

完蛋。我好像踩中了自由的尾巴。

"那么，想要买断的人带一群朋友一块儿把面包一个一个地买光了，又怎么说？要另外贴一张'不能带着朋友连续购买'的公告吗？这样的话，所谓的'朋友'又该怎么定义、怎么证明呢？"

自由姐的原则就是"自由"。她说，自由地活着，是人被赋予的最基本的人权。自由一贯悠闲，只有别人提出损害她的提议时，她才会严肃起来。

"听好了，正义同学！对症下药似的增加规则不过是原地踏步而已。修正，再修正，规则会越来越多！规则要缩减到最少，不能一个劲儿地增加规则去限制自由。最大限度地保证学生的自由，这才是我们学生会的使命所在，正义所在！"

自由平时都很宽和，突然发起火来还真是可怕。

"总，总之，你们两个都觉得倒卖是可以容忍的对吧？"

"你们适可而止！"

严肃的声音响彻整个办公室。

"某个小镇里只有一所医院。"

一直保持沉默的伦理，突然说了一句让人摸不着头脑的话。

她全然不顾一脸问号的我们，继续说道：

"在那个小医院里，每天最多只能完成三台手术。附近的居民每天一大早就去排号预约手术，再以 100 万日元的价格出售手术资格。各位，这样的行为也是正义的吗？"

"这当然……称不上正义吧。"

"不需要手术的人却预约手术，所以应该算是不正当的行为吧。"

面对伦理的问题，千幸和自由各自回答道。

"没错，这不是正义！那么，这与炒面面包的问题有本质区别吗？哪怕多花钱也想要尽快做手术的人达到了目的，得到了幸福，所以这就是正义的？无论是排号预约手术，还是出售手术资格，都是个人的自由，所以放任不管就算是正义了？错！面对那些钻空子、仅仅以赚钱为目的的经济行为，我们会感到，这样的做派不够光明磊落。这种感觉，难道不是我们与生俱来的美德、道德，不是正义感吗？"

说完，伦理双手"砰"地敲了下桌子。那令人恐怖的严肃表情吓得千幸和自由都目瞪口呆，无法反驳。

"会长——正义同学觉得呢？"

"啊？"

矛头突然指向了我。然而我一不小心又发出了脑残一样的声音。

"在小卖部倒卖手术资格的事儿，我怎么看？"

"嗯？不对，等等……"

跑偏了！跟今天的议题没一点关系啊。现在我们应该是在讨论炒面面包的——

"对啊，你是什么看法？即便倒卖了手术资格，但只要幸福的人增加了，那不就是正义的嘛!"

"消息不灵通的人沦为别人的赚钱工具，难道不是他们自己的责任吗？对吧，正义同学!"

终于回过神来的两人展开了潮水似的反攻，想要将我拉入她们的阵营。

不不不！我想说的是，现在不是纠结这个问题的时候。

然而，她们根本没有体会到我内心的吐槽。三个少女围绕"在小卖部倒卖手术资格"一事的是非对错，各自论述起来。最终，又把问题抛给了我，三人齐声问道：

"正义（同学），你觉得谁的想法是对的?"

——孩童时代的正义，"对任何人而言都显而易见，单纯明快"。正因如此，小时候的我能清楚地说出什么是正义。然而随着我们逐渐长大，事情好像变得复杂了。

现在的我只知道，今天又不能早早回家了……

"什么是正义……"

我身处少女们有关正义的争论之中，一边念叨着这句话，一边回想昨天上的伦理课。

第2章

三种正义：平等、自由、宗教

"什么是正义？"

伦理课刚一开始，风祭封悟老师就扫视了一圈在场的同学，提出了这个问题。

当然，没有人回答。准确地说，是压根儿没几个同学在认真听讲。

我们学校的学生需要从日本史、世界史、地理、伦理当中选择一门作为特别课程，其中伦理课最不受欢迎，因此教室里也显得比较冷清。

为什么伦理课人气这么低呢？我大概能猜到原因。像日本史、地理这类课，大家了解学习内容是什么。可伦理课的学习内容是什么呢？一时间很难说清楚。

"那么，从今天开始你们就要上伦理课了。这个课是学什么的呢？"

没有同学回答，不过风祭老师并不在意，而是继续讲课。高领毛衣加上秃顶的脑袋，再配上一副略微泛红的眼镜，极具个性的外表很难让人想到他竟然是位老师，所以，他也因此闻名全校。

"首先从字典上的意思来说，所谓伦理，有这么几个含义：'作为人需要遵守的道义''道德''正义'。也就是说，'伦理课'可以说是'正义课'，你们可以把伦理课当作讲授'正义是什么？'的课。"

听了这番话，我稍微有点失望。什么呀，伦理课就是讲"正义"的课啊。早知道就不选了。因为这种东西根本不可能有答案。

"山下正义君，你是学生会会长，对吧？"

正当我想得入神时，老师突然叫到我的名字，把我吓了一跳。不过仔细一想，这也不是那么意外的事情。

因为我坐在第一排，就在老师眼皮子底下。顺便一提，为数不多的其他同学都坐在教室的后面。选伦理课的同学基本上都是石头剪刀布的输家——日本史、世界史满员之后，大家通过石头剪刀布来决定谁选地理课、谁选伦理课。这些人正是因为输了才选择的伦理课。

他们当然没什么动力，所以盘踞在本来就很冷清的教室后几排，开始各自学习其他课的内容。

老实说，我也想这样，也想在最后一排优哉游哉。但是坐在我旁边的副会长伦理是不会允许我这么干的。

"学生会成员应该是全校学生的楷模。"

以此为座右铭的伦理，绝不会认可"明明前排有座位，却要坐在后排听课"的行为。

所以，我现在坐在第一排。左边是伦理，右边是千幸，被她俩夹在中间。而自由同学则以她惯有的散漫姿势坐在最后一排。虽然她是高年级学生，但今年好像为了配合学生会成员，特意选了伦理课。对于不屈服于副会长的胁迫、我行我素地坐在最后一排的自由，我是打心底里羡慕的。

总之，学生会全体成员都选了伦理课。

"那我就来问一下你，什么是正义？"

"呃，嗯……正义就是……做出正确的行为……吧？"

由于想不出什么体面的话，我赶紧瞎说了一个答案，不过我这个回答也太幼稚了吧。就好比别人问什么是头痛，自己回答"就是头很痛"……有点丢脸。别说后面那帮人了，光是左右的学生会成员的脸我都不敢看。

"原来如此，正义就是做出正确的行为……虽然是极其直白的回答……不过也是正确的。这个答案又直率又拉好感，还不错。"

这好像是一个很令老师满意的答案。

"如他所言，正义的确是'做出正确的行为'。那么，怎样才能做出'正确的行为'呢？这不是一个简单的问题。请设想一个这样的情况：'杀掉少数人，多数人就可以得救。'置身于此番情景中，你们能做出'正确的行为'，也就是说能够选择'正义'吗？"

这好像叫作"电车难题"。

1. 失控的电车前面有 5 个人，放任不管，电车将会把他们碾压致死。

2. 拉动拉杆可以改变电车的行进路线，从而救下这 5 个人。

3. 但这样做，电车会驶向另一条有 1 个人的轨道。本来与此毫无关联的一个人，将会因电车碾压而丧命。

换言之，这个问题是在问，在这样的情况下，你会选择哪一边？重点在于是应该保持原状，对这 5 个人见死不救，还是应该牺牲 1 个人去拯救这 5 个人？不久前，有一门国外的课上了热搜，讨论的就是这个问题，我印象很深。

"'为了救大多数人，牺牲少数人的生命也没关系'，这样的想法无论怎么都是违背正义的。话虽如此，但如果出于这个原因就任由那些惨不忍睹的大灾难发生，恐怕也不正确。举一个极端的例子，多数的一方是 70 亿人，少数的一方是 1 个被判了死刑的杀人狂，请试想一下这种情况。即使这样，难道你们也要任由这 70 亿人死亡的大灾难发生吗?"

不，再怎么想也不能。但是，假如那个人是自己的爱人、家人、不可替代的人，又该如何……

这种情况下，即使多数的一方是 100 人、1000 人，或是全人类，也会有人选择救少数的一方吧。嗯……这样来看，这个问题的答案就是……

"学生会会长怎么看?"

"啊? 我觉得……大家各有各的选择吧。"

完了。突然被老师点名，我下意识地这样回答了。

当然，这个回答是我的真心话。不过，对于这类问题，最糟糕的回答就是"大家各有各的选择"。何况我还是学生会会长，也算是肩负着解决各类问题的使命，暂且不论我的真实想法如何，这种听上去放弃思考的回答是万万不可的。

瞬间感觉有点不妙，可我不敢转头，只是用余光悄悄瞟了一眼左边。副会长伦理正低着头，嘴角紧闭，全身略微颤抖。坏了，她的怒气值即将爆表。看来这个回答在她那儿完全不及格。

"'各有各的选择'? 原来如此，这也是一个非常直率的回答啊。"

老师太善良了……对于我缺心眼儿似的回答，风祭老师并没有表现出一丝不悦，而是继续讲课。风祭老师平时可是相当毒舌，学生稍有不慎，就会被他吐槽个没完。今天竟如此宽宏大量，我真是感激不尽。

"如他所言，这个问题的答案从表面上看会因人而异，实际上也是如此。如果这样的话，围绕该问题讨论'正义'是不是就没有意义了呢？不，其实不然。这个问题可能没有标准答案，但是，当人处在类似的情况下，他们会如何对正义作出判断呢？我们可以分析他们的判断标准，探讨其合理性。"

正义的判断标准只有三种

老师转过身去，开始在黑板上写些什么。

"那么，当人在判断何为正义的时候，其判断标准是什么呢？其实，正义的判断标准大体上只有三种类型。"

嗯？这个倒是第一次听说。何为正义这种问题，每个人有各自的回答，绝不可能有所谓的标准答案。这样想的话，自然就会觉得思考、讨论与正义相关的话题毫无意义。

虽然说"大家各有各的回答"，但风祭老师仍然提出"正义的判断标准大体上只有三种类型"。我忽然被他的话勾起了兴趣。

老师在黑板上写了三种词语之后，转过头说道：

"人类的三种'正义的判断标准'，就是'平等、自由、宗教'。"

答案出乎意料地简单。真的只是这样吗？

"真的只有这三种吗？肯定有人表示怀疑吧。我希望你们能够稍微把视野放宽，从世界范围来思考。实际上，纵观世界，你就会发现，有尊重'平等'的国家、尊重'自由'的国家、尊重'宗教'的国家这三种类型，他们各自主张自己的正义，相互敌视。"

啊！我在心里叫了一声。说起来还真是这样。

"比如，有的国家，把'平等'当作绝对的正确。

"另一方面，有的国家则批判他们的高压政治，把'自由'当作绝对的正确。

"最后，也有一些国家把'宗教'，也就是'本国传统的价值观'，当作绝对的正确。"

原来如此。

虽然我从来没有这样思考过，但从世界范围来看，"主张本国正义"的国家的确大致分为三类。

"那么分别信奉'平等''自由''宗教'的国家，依照这三个判断标准而采取的行为，为什么能被称为'正义'呢？如果从其对立面思考，就很容易得出结论。比如，平等的对立面即不平等。一般来说不平等肯定是坏事。

"这个嘛，的确如此。假如大家都在进行同种劳动，报酬是一个苹果，然而，其中有人在没有任何理由的情况下，得到了10个苹果。这种事情怎么想都是荒谬的，从好坏的角度来讲，毫无疑问是一件'坏事'。

"假如你们把'某人通过特权获得利益'或者'某人因遭到歧视而蒙受损失'这类不平等的行为称作'坏事'的话……那些试图改变这类情况的行为，即以平等为宗旨的行为，就称为'正义'。"

哦……原来是这样。"正义的对立面是恶"。因此，如果要判断某种行为是否"正义"，只需要看与之相反的行为是不是"恶"即可。那么，按照这个逻辑，现实中我们把"不平等或歧视"当作恶，其对立面"平等"对我们而言就是正义。

"同样，我们思考一下自由的对立面——不自由。所谓不自由，指的是人因强迫、约束、控制等行为失去自由生存权利的情况。'让某人不自由'也就是'剥夺某人的自由'可以说是典型的罪恶行为。"

这个我完全同意。在英雄故事里出现的邪恶势力之所以邪恶，就是因为他们在妄图征服世界的行为中，或是在劫持幼儿园校车的行为中，存在着剥夺他人自由的性质。

归根到底，他们的行为正是因为这一点才被称为"恶"。假如把目标换成某个无人岛的话，没有人会认为这种行为是"恶"吧。

试想有这样一个组织："哇哈哈，这个无人岛归我了！本大爷劫持了一条一个人也没有的船！"……嗯，完全算不上"恶"。所以，邪恶的组织因为剥夺了他人的自由才被称为"恶"行，而"正义的英雄"因为打破了他们的野心才被称为"正义"。

"最后，宗教的对立面，即为反宗教……这个对于不熟悉宗教的人来说可能有点难理解，你们就把它当成是'违背社会传统价值观的行为'。比如，随意破坏坟墓、粗暴对待老年人的行为。其他的，和多个异性纠缠不清、脚踏几条船的行为也能算一个。这样解释的话，你们也许能感受到非正义了吧。"

风祭老师一边说着，一边恶狠狠地盯着我的脸，这使刚刚陷入沉思的我急忙回过神来。

不过老师并没有在意我惊慌失措的样子，说完"稍微总结下吧"，然后开始在黑板上写了起来。

不平等：无正当理由，歧视以及不平等地对待他人 → 恶

不自由：剥夺他人自由生存的权利 → 恶

反宗教：破坏宗教价值观以及传统价值观的行为 → 恶

"如此，我们称作'恶'的行为大概可以分为这三类，反过来说，不做这种恶事，并往好的方向发展的行为，就可定义为'正义'。那么，为了具体实现这些正义行为，需要什么样的思想和思维方法呢？在追求这三种正义的时候，人们的观点会形成以下主义。"

实现"平等的正义"→ 功利主义（注重幸福！）

实现"自由的正义"→ 自由主义（注重自由！）

实现"宗教的正义"→ 直观主义（注重道德！）

"分别简单说明一下。首先，从实现平等的正义思想——'功利主义'开始。'最大多数人的最大幸福'这句话常常被用来解释这个主义的概念。一句话说就是'请计算全体人员的幸福度，作出将其总量最大化的行为！这就是正义！'"

咦，这说的不是千幸吗？

动不动就念叨"幸福指数的总和"如何如何的发小那呆瓜的脸立马浮现在我的脑海里。我瞟了一眼右边，不出所料，这傻瓜两眼放光，一个劲儿地点头。

"其次是自由主义。顾名思义，就是把人的自由放在第一位的思想。也就是'请尊重个人的自由，做出符合自由的行为，这才是正义'！因为其主张很直白，就是'保护大家的自由'，所以也是谁都能认同的正义。但是，从另一个角度讲，这也意味着'只要不妨碍他人的自由，做什么都没关系'，因此可以说是三种正义中最为坦率的了。"

这条说的就是热爱自由的自由姐吧。

其实，我也经常从自由姐那儿听到"只要不给别人造成麻烦就没关系吧"这样的话。虽然不知道坐在后面的自由姐是什么表情，但我猜她肯定是坐姿散漫，脑袋在大幅度地点头。

"最后一个是直观主义。该思想比较抽象，解释起来稍微困难一些，简单来说就是'请遵从自己的良心，做出符合道德的行为，这才是正义！'而且，这个主义里的正义和道德，需要用直观——也就是凭良心'直接观察'——才能弄明白，通过逻辑和计算是无法得到答案的。因此，直观主义者们常常拒绝逻辑思考，有一种强迫他人的倾向，表现为'只要跟着良心走，什么是正确的就不言自明，所以请你把这件正确的事儿做了！'"

这和伦理简直如出一辙！

原来她是直观主义者啊。不过以伦理的作风，还要多添一句话："所以，为什么连正确的事都做不到呢？"

我瞟了一眼左边，发现伦理正挺直了背，目视前方，端正的坐姿散发出冷傲的气场。看来直观主义者的缺点是丝毫感受不到别人对自己的调侃。老实说，我真希望伦理在听了老师说的这番话后能够给我道个歉："老师说的就是我吧，正义君，平时我总是自顾自地把我认为的正确强加给你，对不起。"

我一边这样想着一边偷看伦理的侧脸。这时，突然一个肘子从另一侧飞了过来，击中我的腰部。

"……痛痛痛！"

我发出了极其微弱的悲鸣，朝右边看去，肘子的主人千幸正满脸不高兴地瞪着我。

哈？什么鬼？是叫我认真听讲吗？先说好，上课期间"暗肘伤人"可绝对不是什么正义，我的幸福度也大大下降了啊！

"我已经向大家说明了正义的三种判断标准，以及实践这三种标准的思想主义。如果你们身边有什么人在谈论正义或者行为的正确性，可以尝试套用上述标准和思想，肯定能把他们归入其中的某一类。"

我瞬间领悟了老师所说的话。

为什么其他三个学生会成员的争论总是无法达成共识，像三条平行线一样无法相交，本会长已经完全明白了其中的缘由。

我立马把写在笔记本上的三个正义的判断标准，与她们的名字联系起来。原来如此，是这样一幅构图啊。如此一来，她们三个人讨论正义，就必然会产生对立，导致有人下不来台。因为她们分别用完全不同的标准衡量正义。

* * *

嗯，昨天的伦理课差不多就是这种感觉吧……

太阳早就落山了。望着学生会办公室窗外逐渐变暗的天色，我满脸疲惫地叹了口气。

果然今天又成这样了。眼前她们三人还是一如既往叽叽喳喳辩论个不停。

"倒卖炒面面包"的争论一不小心就变成了"倒卖手术资格"的争论，现在甚至还升级为极其抽象的"到底什么才是正义"的争论。哎哟哟，在大言不惭地叙说正义之前，先好好遵守放学时间行吗？

她们的争论丝毫没有要结束的意思。

我一边佯装在听她们说话，一边悄悄把昨天伦理课上记的笔记拿了出来，重新看了一遍内容。上面画了一幅解释她们的争论总是没完没了的图示。

"平等、自由、宗教"，不同的正义判断标准。眼前的这三个人，她们的判断标准，即"判断什么是正确的标准"也各不相同。因此，不管花多少时间来争论，她们都无法达成共识，绝对不会得出三方都满意的结论。

这也就是说，不存在一种让大家都满意的正义吧……既然如此，她们这种讨论正义的行为本身也就毫无意义，完全是在浪费时间。

和她们三个不一样，我的观点是"正义不过是漂亮话而已"。

所以我才能置身事外，冷静地分析。

虽然这样想，但昨天风祭老师在下课前说的话有点打动我。

"那么，像刚才说的那样，正义就是'做出正确的行为'。但根据时间和场合的不同，什么是正义也有所变化。虽然说正义的标准可以分为三大类型，但归根到底还是因人而异，这就有可能给很多人留下一个'不存在绝对的正义'的印象。的确如此。

"但是……对'正义'和'正确'的探索并不会因此变得没有意义。不，甚至可以说，我们更应该去追问'正义是什么?''正确是什么?'

"因为，我们所有人都在寻求'正确'的存在，如果不能以某种'正确'作为标准的话，我们就无法思考和生活。

"假设有一个人，他主张'不存在绝对的正确'。乍一看他好像是不相信任何所谓的'正确'。但实际上，对他而言'不存在绝对的正确'这种想法，就被称为'正确'。如此，当我们在思考什么、提出什么的时候，就会出现一个'认为这个想法正确'的自我，即便这个想法的内容是怀疑'正确'是否存在。

"意思是，不管多怀疑'正确'的存在，都不会怀疑'认为这份怀疑是正确的自己'。这也就意味着，我们绝不可能逃离'正确'这个概念。既然如此，我们就不能对'正确'熟视无睹。自己觉得什么是正确……什么是正义……我们必须更加深入了解自己思考的基础，即'正确的标准'。

"所以，我们必须追问。

"何谓正义?

"正义到底是什么?

"各位从今天开始要学习的伦理课,就是讲授 2500 年以来人类是如何思考该问题的一门课。认真思考这个问题,对你们今后的人生大有裨益。因为,如前所述,各位绝对无法摆脱'正确'这个概念,即便自己意识不到,也一定是以'正确的事'为目标而活着的。"

——这就是老师在课上说的最后一段话,不过我总觉得里面有诡辩的成分。

简单说,老师想表达的是这个意思——假如我说:"不不不,我从来都不是为了追求正确的事而活着。"那么老师会这样反驳:"但是,你这么想是因为你觉得自己这个想法是正确的。"对此,假如我不服气,又说"不对,我不觉得自己是正确的"的话,老师又会以同样的理由反问道:"这样的话,你就觉得自己不正确这句话是正确的了。"

最后,不管我说什么,都会遭到同样的反驳:"你认为你的说法是'正确'的。"简直是神逻辑,像开挂了一样。

这完全是强词夺理,一点也没办法说服我。

但是……我隐隐约约觉得"好像还真是那么回事儿"。

的确,我认为"所谓正义不过是漂亮话,其实并不存在"。但反过来说,我之所以这么想,是因为我觉得自己的想法是"正确的"。

这样的话，我凭什么说自己是正确的呢……

搞不好我其实也是相信正确、正义的吧？不，我并不觉得有这回事。

哦，对了，说到正确的凭据……

想到这里我站了起来，转向后方，把目光移到了一直在看我们讨论的"那个家伙"身上。实际上，学生会办公室里除了我、伦理、自由、千幸以外，还有一个穿着学生制服的人蹲在角落里，一直看着我们。话说回来，这个人的存在是正确还是不正确，我必须在规定的日期之前得出结论。一想到这件事，我就感到有点郁闷。

但是，上了风祭老师的伦理课后，搞不好我能找到这个问题的答案了……

哎，还是别期待了。

不是找她们三个聊过很多次都没有答案吗……

我又转向前方。天已经完全黑了，然而她们的争论仍然没有任何进展……

说到底……人之所以烦恼、痛苦、发生争执，不就是执着于正义、正确之类的缘故吗？还不如索性把正义当作漂亮话，随便提出点中庸的解决方案，皆大欢喜就完事儿了。

这是最和平的——我心中浮现出了这种想法，不过下一个瞬间，我脑子里响起了风祭老师的声音："原来如此，这就是你的正义啊。"我急忙甩了一下脑袋，把这些胡思乱想都抛到九霄云外。还是什么都不要想，混过今晚吧。

第3章

平等的正义——『功利主义』

渗凉的早晨，楼道里来来往往的同学都耸着脖子，我也睡眼惺忪、无精打采地在里面走着。

虽然只是徒有虚名，但我好歹是学生会会长。当会长的可悲之处就在于，连在课堂上打瞌睡的资格都没有。所以像这样半睡半醒地走路，成了我的重要日常之一。为了尽可能减少在课堂上打瞌睡的几率，不挨副会长的骂，不对，是为了维护本会长的威严，我打算趁现在赶紧眯一会儿。历经千辛万苦，我已练就一身佯装的本领，所以，慢慢在走廊里蠕动着的我，旁人看起来像是在思考问题，实则处于似醒非醒的状态，好把瞌睡都补上——就在这时，我的校服袖子猛地被人扯了一把。

"嘿，快醒醒！该去上伦理课了！"

轻松看破我的佯装，一大早就情绪高涨，阻挠我完成日常任务的，是学生会的会计——千幸，呆毛发小兼万恶之源。

"什么啊，是你这个呆毛啊！"

"哈？呆毛？"

啊……完了。一不小心把在心里给她起的外号说漏嘴了。这还真挺麻烦，有点打击人。我瞬间睡意全无，大脑满负荷运转，慌张地想把话圆回来。

"啊……千幸。我刚刚说的呆子，并不是那个呆子的意思。"

"喂，你别把'毛'省略了啊！呆毛发小，好好地说完！"

真不愧是从小学就开始的交情。我还没来得及解释，她就明白了我的意思。不过，我叫你呆毛发小真的好吗？

顺便一提，"呆毛"指的是动漫人物头上常见的那撮稍稍翘起来、看似触角一样的头发，原本是美容行业的词汇。因为所谓的萌系人物大多有呆毛，所以，它作为萌系人物的象征符号之一广为流传。

话说回来，在现实生活里，外表萌萌的小姐姐和小妹妹其实并不多，所以三次元的呆毛只会让人觉得难看，完全没有萌感之说。

"我早上明明摁下去了呀。"千幸一边说着，一边反复地摁自己的头发。而那撮呆毛像裹在铁丝上一样，依然倔强地竖在那儿。连续进行了五次这种无意义的操作后，千幸说了一声"好了"，便乐呵呵地冲着我笑。然而，明明没有任何改观……

"那就叫呆发小吧。"

"为什么又省略了一个字啊！"

聊着这种无关痛痒的话题，我和千幸并肩走着。千幸的呆毛总是摁不下去，成了老毛病，她干脆强行将头发扎成了双马尾，走起路来双马尾就像装了弹簧似的弹跳自如。话说，我突然想起来，千幸的信条是"平等的正义"。提到平等和公平的形象，自然会联想到天平，莫非千幸的双马尾象征性地体现着她"平等的正义"的信条？

千幸发现了我盯着她的双马尾不放，突然用两只手抓住了自己的"尾巴"，阻止它们继续摇晃，然后把双马尾放在脖子前面，像要展示给我似的说道：

"正义挺喜欢双马尾的吧？"

原来还真是要给我看。不，等等，我什么时候说过喜欢双马尾了？我赶紧把从小学到现在的往事走马灯似的回忆了一遍，可完全没有印象。

……啊，这么一说，小时候经常看的英雄节目里面还真有一个扎双马尾的角色，我好像是说过喜欢那个发型。那个角色是英雄的搭档，一个女孩子……必杀技是双马尾机关枪，超级帅气……对，当时喜欢得不得了……咦？等下。照这个逻辑，千幸是照着我喜欢的角色专门整的发型吗？这也就是说……不不不，冷静！

现在的情况是，我说自己"喜欢这个发型"，然后就有个同岁的女生每天梳着同样的发型来学校。哎哟，老实说，这么一想还挺舒服。

"嘿嘿嘿……"

千幸看起来既高兴，又有一点害羞，揪着两个"尾巴"冲我微笑。奇怪了，直到昨天都普普通通的双马尾，现在突然变得可爱起来。我慌忙地转变了话题：

"话说，你一大早就这么精神啊？"

"嗯？啊……那是因为很期待接下来的伦理课。"

哈？很期待上课？这个发小，什么时候变成好学生了啊。

"因为能学到跟正义有关的东西呀。对学生会的成员来说很有意义。倒是你，怎么无精打采的？"

"正义什么的，根本没有答案吧。"

"啊？"

虽然我并非刻意，但和刚才偷睡被打扰的时候相比，我用更低沉不悦的声音回答道：

"所以伦理课什么的，上了也是白上。"

当然，我可能会受到千幸劈头盖脸的吐槽："才没有那回事！"……虽然我是这么想的，但千幸的反应出乎我的意料，满是失望和消沉。

"为什么变成这样了啊……正义，你以前可不是这样的。所以我……"

这时，盖过千幸声音的预备铃响了起来。我们结束了对话，进入教室。而后，我俩一言不发地坐到了第一排，气氛略显尴尬。

副会长伦理已经在位置上坐着了。今天也一样，伦理坐我左边，千幸在我右边。不，和之前有点不同，或许是心理作用，感觉和千幸靠得近了一些……

教室还是一如既往的冷清。这时风祭老师走进教室，开始上课。

"在上次的课堂上，我们讲了正义有'平等、自由、宗教'

这三个判断标准。今天我将详细地讲解一下其中的'平等'。

"那么，'平等即正义'……听了这句话之后你们作何感想？有人可能会觉得，并不一定要让一切都平等。总而言之，如果没有特殊的理由，我们姑且可以认为'平等优于不平等'。

"请想象一个情景。大多数人都食不果腹，过着贫穷的日子，而一小部分人却从不劳动，依靠他们凭特权剥削来的财富过着富裕的生活。面对这样的情况，你们当然会觉得是'不平等的、不对的'，可能的话应当予以改善。

"意思是，像我刚才所说的'特权''剥削''歧视'之类的'不正当、不平等地对待他人的行为'，我们基本上都会认为那是不好的。

"尽管如此，虽说平等比不平等好，但也会出现一个复杂的问题：'平等的依据是什么？'例如，大家在搬运货物的时候，那些因事故受伤的人和生病的人也搬运着同等重量的货物，这绝对是不正确或不平等的吧。又或者，一个拼命努力工作的人，和一个吊儿郎当什么也不做的人，你们会觉得他们不该得到同样的报酬吧。如此，简单地把事物"平均分配"并不一定会带来平等。无视人与人之间的差异性，无视个人的努力和天赋，而将一切都同一化，这种行为被称作'形式平等'，通常我们认为它是不好的。

"既然如此，我们怎么做才能充分考虑到个体之间的差异，从而实现'真正的平等'呢，学生会会长正义君？"

"啊，在！"

"你在这个学校里，想要尽量公平地解决某件事的时候，会怎么做呢？"

"嗯……我觉得……多数表决之类的吧。"

因为老师突然点名，所以并没有时间深入思考，但说到平等地作什么决定，自然会联想到多数表决吧。话说，我以后上这堂课都会这样被点名回答问题吗？再也不想坐第一排了……

正这样想着……"哼"，从旁边传来了轻蔑的鼻息声。此人正是千幸。我相当不满，条件反射地把头转向了右边，然而意外的是千幸的脸离我很近，于是我又慌忙把头转了回来。

"旁边的女生好像对他的回答有所不满啊！"

"是的！我认为多数表决绝不是平等的解决办法！"

"哦……为什么呢？"

老师追问道。千幸顺势站了起来。

"多数表决。看起来好像是尊重大家意见的决定方法，实际上是把'多数派施加给少数派的不正当暴力'正当化的一种不平等做法。假设我们学校的男生恰好超过了半数，全部投票要求'把少数派的女生当奴隶对待'，显然这不能说是'正确的'，但按照多数表决原则，此决定自然会成为'正当的结果'。总之，多数表决可以说是一个不完善的选择机制，归根到底是为了保护多数派的利益，而不正当地轻视了少数派。是这样没错吧？"

最后那句"是这样没错吧？"是朝着我说的。嗯，她的意思我也明白，甚至有点茅塞顿开的感觉，但被千幸驳倒还是令我有点不甘心。

不对，等下。仔细想想，纵使我一万个不情愿，最后还是做了班长，不就是千幸煽动的不正当的多数表决的缘故吗？那正是她说的多数派暴力啊。你作为罪魁祸首，还在这里大言不惭地叫嚣着多数表决的缺点，简直是不打自招，我表示强烈谴责！

真想阴阳怪气地说一句："那，我不想当学生会会长，不也当了吗？"但转念一想，要是说了的话左边的伦理该数落我了。哎，算了算了。

"她的回答基本正确。采纳多数派的意见不一定就意味着正义。因为一味听从多数派的意见，有可能导致极其残酷、不当或愚蠢的结果。这的确是多数表决的缺陷所在。

"不过，我们应该怎么做呢？怎样才能真正平等地作出决定呢？单纯的平均分配不行，多数表决也不行。所以，人们发明了名为'功利主义'的全新想法。"

千幸像早已等不及了似的，脸上笑开了花，而后满意地回到了位置上。

"功利主义指的是'根据功利来判断事物的正确性'。功利这个词在日常生活中并不常用，可能大家不太明白。功利原本是一个含有功效、利益等意义的词汇，为了更好地理解，可以将其置换为'幸福'这个较为常用的词。

"也就是说，功利主义即幸福主义……换言之，你们可以把这种想法当成'根据幸福量的增减来判断事物正确与否'。

"但是，这个表述当中，我希望你们特别注意幸福的'量'。这是非常重要的一点，如果忽视'量'的概念，而单纯地根据获得幸福的'人数'来决定的话，那就跟多数表决没什么两样了。"

的确如此。假如我们正在制定某条法律，这条法律可以让1000人幸福，但同时会让另外的100人不幸福。如果仅仅因为幸福的人更多我们就敲定这条法律，就又变成了多数表决。

"所以说，功利主义注重的并不是'获得幸福的人数'，而是'幸福的量'。"

"哇，对对对！您的意思就是说，把幸福指数计算出来，令其总和增加的做法即为平等，对吧？"

突然，千幸举起手来，插嘴说道。喂喂喂，你冷不防地冒出一句幸福指数之类的自创术语，老师听得懂才怪。

"幸福指数？指的是幸福的指标值吗？原来如此，可能你的说法更通俗易懂一些。"

老师不仅懂了，还接受了她的说法……

"有一句名言可以表明功利主义的概念，那就是'最大多数人的最大幸福'。这句话如字面所示，就是应当把'让尽量多的人的幸福度总量最大化'作为行为宗旨。功利主义者们根据这句话，作出了将全员的幸福度的总量——也就是幸福指数的总量——最大化的决定。他们认为这就是平等。

"请各位试想这样一个场景。在A、B、C三个人面前，有且只有1个饭团。一方面，A是一个遭遇了悲惨事故的人，因太久没有进食而濒临死亡。另一方面，B和C吃得很饱。在这种情况下，应该如何分配饭团才称得上平等呢？

"首先是简单的平均分配的方法。但是，很显然这不是真正的平等。那么，用协商或者多数表决的方法来决定是正确的方法吗？不，在这种情况下，如果 B 和 C 起了贪念，他们就会坚持要求平均分配饭团，因为这是大家共有的饭团，他们有权拿到属于自己的 ⅓ 的份额。但 B 和 C 肚子都很饱，拿到饭团后，有可能一口没吃就扔进垃圾桶了。

"那么，一般认为正确的解答是'分给饥饿的 A 更多份额的饭团'……但是，我们要怎么样做，才能使他们认为这样的分配方法平等呢，正义君？"

"呃……三人的幸福指数……不对，按照将幸福度总量最大化的原则来分配饭团就行了吧。"

"没错！"

"就是嘛。"

老师点头肯定我的回答是顺理成章的事儿，但千幸这个家伙跟着点什么头啊。老实说我有点不满，但姑且还是成熟一点，无视她吧。

不过话说回来，难道是平时被洗脑太多次了，我竟然也顺口说出了"幸福指数"？太羞耻了。

"现在，我们就拿这个例子来实际计算一下幸福度的总量。首先，是平均分配饭团的情况……假设幸福度总量变成了这样……"

老师面朝黑板，用粉笔画了起来。

"如图所示，总计 50 分。A 由于非常饥饿，所以幸福度猛涨。而 B 和 C 肚子很饱，所以幸福度几乎没变。因此数值的分

均等分配时

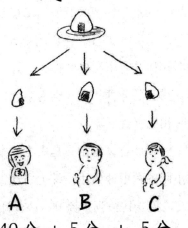

幸福度　40分 ＋ 5分 ＋ 5分 ＝ 50分

不均等分配时

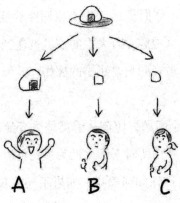

幸福度　70分 ＋ 3分 ＋ 3分 ＝ 76分

配情况大概是这样的。

"接下来，我们分给 A 更多的饭团，幸福度的总量一定会如此变化。一方面，处于饥饿状态的 A 因为得到了更多的饭团，幸福度与平均分配时相比又有了明显的提高。另一方面，B 和 C 因为失去了本来应该得到的东西，多少会有点生气，所以他们的幸福度与平均分配时相比有所下降。

"不过，对 B 和 C 而言，他们只是失去了本来就不需要的东西，所以幸福度下降的数值非常小。综上所述，从结果来看，全体幸福度的总量与之前相比得到了提升……合计 76 分。

"也就是说，与平均分配相比，充分考虑个体的差异，采取不均等的分配方法，会更好地提升幸福度的总量。因此，功利主义会认为后者是'正确的分配方法'，即'真正的平等'。我再举一个例子，这次是在实际的医疗现场中使用的'治疗类选法'[1]。"

治疗类选法？感觉好像在哪听过。是什么来着？

"关于这个问题，你们把自己想象成医生会更好理解一些。某一天，突然发生了大地震，有大量的伤员被送到你们面前。伤员的情况各不相同，最轻的只是小小的擦伤，最严重的则会因为失血过多而心跳停止。

"这时会出现一个问题，应该从哪类伤员开始救治？如果是你们，会怎么做？皮外伤暂时不管也没关系，可以把这类伤员排在后面，那么重伤员应该如何安排？如果不马上救治就会死亡，

---

[1] 原文为トリアージ，源自法语trier，亦可译作"患者鉴别分类""伤员鉴别分类"。

这类伤员应该优先得到治疗。

"但是，如果有的重伤员即使进行急救也于事无补，或者救治需要动用大量的人手和医疗物资，这时又该如何抉择？

"在实际的医疗现场，通常会选择降低这两类伤员的优先度，放弃治疗他们或将他们延后，先治疗其他伤员。"

原来如此。在这种情况下，和伤员人数相比，医生人数、血库储备、绷带数量等等都是远远不够的。所以，比起在治愈可能性较低的伤员身上浪费这些资源，不如用它们去救助更多的人。这样的选择我觉得理所当然。

"如此，根据伤者情况的轻重缓急，来决定治疗的先后顺序，就叫'治疗类选法'，它在实际的医疗救助现场也被广泛运用。顺带一提，trier 在法语中是'分类'的意思。正如其字面所示，当灾难发生，对负伤者全员进行治疗存在实际的困难时，将通过'分类'的方法来决定救治伤员的先后顺序。往坏了说，治疗类选法是对救不活的人见死不救。这种'分类'是否正确？

"从功利主义的角度来看，这是无比正确的。因为，比起均等地治疗全体人员，或者简单地从重伤者开始依次治疗，'分类'之后再进行治疗的方法，切实地提高了幸福度的总量。正义君，你怎么看待医疗现场的功利主义？"

"嗯……我觉得这是正确或者说比较稳妥的做法。如果只是均等地救助，会导致本来有生还希望的人死亡，牺牲的人数也会增加。这可以说是本末倒置，赔了夫人又折兵……"

"所以你的意思是，功利主义是正确的，对吗？"

"……呃，哎呀，差不多吧。"

在我发言的时候，千幸又擅自打岔，让我像是在她的逼问之下被迫点头示弱一般。我感到非常恼火，却又无法反驳。话说回来，如果有更好的办法，估计早被用于医疗现场了。所以，这种名为治疗类选法的"分类"是目前为止的最优解。

看到我没有任何反驳，千幸似乎很得意，露出了满足的笑脸。此时，我感觉我俩靠得好像更近了。

这时，我注意到老师正用严厉的目光看着千幸。千幸正得意洋洋，根本没有意识到，而我似乎从老师的视线里感觉到，他对于信奉平等的正义——功利主义抱有某种敌意。

但是，针对千幸的反对意见却来自别处。我的左边。

"我不认为功利主义是正确的。说起来，断言'幸福度的总量增加就等于正义'的根据究竟是什么呢？而且，我并不觉得正确、正义是可以通过计算而被数量化的东西。"

伦理边说边站了起来。

"哈？"

面对她的质疑，千幸用明显有些急躁的语气反问道，丝毫不符合她学生会成员的身份。教室里的空气瞬间凝固。喂喂喂，你俩难道要把学生会办公室里的恐怖辩论搬到这里来吗？

"嗯，这样啊。功利主义从其逻辑上看，会让人感觉它是非常合理的观点。但是，仅仅依靠计算幸福度，就能实现真正的正义吗？实际上，这位女生提出的质疑一直都存在。那么，在讨论该问题之前，我们来看一看功利主义的创立者是一个什么样的人，以便更好地了解功利主义。"

功利主义的创立者——边沁

因为话题转移，伦理若无其事地坐了下来。对对对，老师干得漂亮。我也用这种方法避免过几次冲突。

接着老师转向黑板，写下了一个人的名字。

"功利主义的创立者名为边沁[1]，是活跃在18世纪末19世纪初的英国哲学家。他也是法理学家，不过当时英国法律制定得非常敷衍模糊，让他难以忍受。话说回来，不仅是英国，可以说任何一个国家的法律在最初都是非常模糊的。比如，日本的法律虽然以文字的形式明确地书写在《六法全书》中，但律师们也会有他们各自的理解和判断。"

啊，这个我知道。我小时候曾以为法律制定得极其严谨，根本不存在不同人有不同理解的余地。但是，直到某天看了一个关于法律的综艺节目之后，我的信念破灭了。

那个综艺节目邀请了好几个律师，他们会针对同一事件作出合法或不合法的判断。然而，律师们给出的答案可谓是五花八门。法律原来是这么模糊的东西，每个人都可以有自己的理解。看到那里我深受打击。

---

[1] 杰里米·边沁（Jeremy Bentham，1748—1832），英国的法理学家、功利主义哲学家、经济学家和社会改革者，还以动物权利的宣扬者及自然权利的反对者而闻名于世。著有《政府片论》《道德与立法原理导论》等。

"在那个时代，人们根据不同的感受或习惯，对法律的认识也会不同。作为法理学家，边沁无法容忍英国司法界的这种现状。于是他开始探求法律的根本所在。也就是，法之所以成为法，需要什么条件？换句话说，法在什么时候才可以称得上是正确的？边沁在思考这样的问题。

"这样的思考，我认为非常了不起。因为，大多数人都认为，法律是正确的，遵守法规是理所当然的。这已经成为我们思考问题和解决事情的前提条件。

"但是，边沁身为法理学家，不，不如说正因为他是法理学家，才能不随波逐流于世间的习惯和常识，才能寻找法律正确性的依据。有着如此志向的边沁，某一天从一个兼营图书租赁的咖啡店借到了一本书。那本书里写着一句与咱们说的功利主义相关的话。

"'无论何种国家，都应当以大多数成员的利益和幸福为标准，来决定国家的一切事务。'

"这短短的一句话，改变了边沁的人生。他在回忆录里写道，看到这句话的瞬间，自己极其激动地喊出了'尤里卡！'[1]也就是'我发现了！'不过，他到底还是没有像阿基米德那样光着身子跑到街上去。"

老师一边说着，一边用手捂住嘴，"呵呵呵"地笑了起来。看样子他对自己讲的故事非常满意。

---

[1] Eureka，古希腊词语，意思是"我找到了！我发现了！"相传，阿基米德在洗澡时发现浮力原理，高兴得来不及穿上裤子就跑到街上大喊："Eureka(我找到了)！"

"总之，边沁从刚才的那句话里，领悟到了'最大多数人的最大幸福'的概念，并且觉得它可以成为衡量法律正确性的标准。实际上，只要参照这个功利主义的概念，就可以揭示出任何法律的正当性。

"比如，某个男人因犯了谋杀罪被逮捕，依照法律被判处无期徒刑。我们一般认为此人是因为做了坏事，为了赎罪才被判入狱。但从功利主义的角度来说，入狱的理由完全不同。他被判入狱的原因是对他放任不管而产生的不幸——比如，他继续杀害其他人，或者附近的居民因为他没有入狱而感到不安，等等。比起这种不幸的量，'将他拘禁在监狱里产生的不幸的量'预计要小得多，仅此而已。

"意思就是，之所以把此人关在监狱里，是因为功利主义者们断定这样做会提高社会整体的幸福度。这就是法律将一个人拘禁在监狱里的理由所在。归根结底，法律是为'提高社会整体的幸福总量'或是为'减少不幸的总量'而存在的。只有能履行这种职责的法，才称得上是正确的法。运用功利主义的观点，就可以像这样逐条地揭示法律的根据。哟，正义君，对刚才的内容，你好像没有产生共鸣啊？"

"啊？"

因为有个比较在意的问题，我沉思了一会儿。老师敏感地捕捉到了我的心理变化，于是选我起来回答问题。这怎么得了啊，以后再也不敢跑神了！

"嗯，不，我明白您刚才讲的内容，而且有一种恍然大悟的感觉。我只是稍微在意一个问题……功利主义也好，最大多数人的最大幸福也好，我虽然理解它们的概念，但如何将它们与平等的正义联系起来呢？"

"啊，为什么？因为没有比这更平等的了吧？"

千幸还是老样子，打岔说道。

"哎呀呀，问得很好。正义君想说的肯定是这个吧：根据最大多数人的最大幸福来决定事物的正确与否，说得俗气些就是'给可怜的人多分一点'，从某种意义上来说，会让人觉得这是挑选弱者并予以优待的行为。所以，如果一味地强调这一点，就会离真正的平等越来越远。"

不愧是老师。我正在纠结该怎么表达，老师却一语中的，于是我连忙像捣蒜一样点头。

"实际上，功利主义被人们认为是公平的思想，最能体现平等的正义，其理由是什么呢？下面我将根据边沁关于功利主义的论述，来帮大家理解。

"无论何人，都不能算作 1 个人以上。

"大家觉得如何？功利主义的核心在于，测量人类的幸福和不幸的量，提高其总值。而这个过程中最关键的点也在于此。

"也就是说，国王也好，贵族也好，平民也好，奴隶也罢，都只能算作 1 个人，要将他们的幸福与不幸福的量当作等价物来对待。不能说因为他是国王，其'手腕骨折的不幸就等于 100 个奴隶的不幸'，不存在这种不平等的换算。

"所以说，假如有且只有两个选项，一是国王手腕骨折，二是两个奴隶手腕骨折，那么功利主义者会欣然选择让国王手腕骨折。因为，不管是国王还是奴隶，都不能算作 1 个人以上。这在边沁活跃的 18 世纪时期，是一次史无前例的思想革新。"

18 世纪，应该是奴隶贸易盛行的时代吧。日本当时应该是黑船[1]到来前的江户时代吧……哇，仔细一想，是将军和武士统治时期。在那个时代，不论武士、将军，还是农民、市民，都能按照 1 个人来计算幸福量，被平等地对待，可以说是难以置信的先进思想啊。这么一看，边沁还真是个伟人。而且，从这个角度而言，功利主义的确是无出其右的平等思想啊。

"但是另一方面，我们也不能忽视边沁的疯狂……不能忽视功利主义倾向者们的疯狂。"

疯狂？一个相当危险的词出现了。

"首先，功利主义应该说并不是边沁的发明。他的关键灵感来自书上的内容，而著名术语'最大多数人的最大幸福'，也不过是意大利人贝卡里亚[2]著作中的一句话而已。"

咦，这样啊。刚才听的时候总有个朦胧的印象，感觉边沁是功利主义学说的首创者，原来是借鉴而来的思想啊。

"不过说到功利主义的鼻祖，一定会提到边沁的名字。为

---

[1] 黑船指代日本历史上著名的"黑船事件"，即 1853 年美国以炮舰威逼日本打开国门的事件。日本嘉永六年（1853 年）美国海军准将马休·佩里等率舰队驶入江户湾浦贺海面，经过交涉迫使德川幕府于次年签订《日美和亲条约》。日本被迫结束锁国时代，幕藩体制也随之瓦解。

[2] 切萨雷·贝卡里亚(Cesare Beccaria, 1738—1794)，意大利刑法学家。代表作有《论犯罪与刑罚》。

何？原因在于，边沁是第一个坚决贯彻该主义的人，其执着程度甚至到了疯狂的地步。我希望你们也记住这一点。名垂青史的伟大哲学家、思想家，并不一定是学说的'第一个提出者'。人类的历史本就源远流长。不管是哪种开拓性的思想，想到它的人实际上都有很多。但是，其名字能否载入史册，就取决于当事人有多热衷于此思想，能为其奉献多少了。"

我不动声色地瞟了一眼千幸。千幸平时一直主张提高幸福指数的行为即为正义，很明显是一个有功利主义倾向之人。我并不是说她很伟大，只是觉得边沁应该也跟她一样，整天把幸福的量之类的话挂在嘴边，并对周围的人大肆鼓吹。

"大体上哲学家中有怪癖的人颇多，而边沁则是怪中之怪。他蛰居在一座带花园的大房子里，几乎不与人见面，过着像囚犯一样的生活。功利主义……边沁给我们留下了'最大多数人的最大幸福的提倡者'的印象，因此他在我们脑海中的形象应该是为了让更多的人幸福而积极与人会面的活动家才对。但边沁完全不是这样的人。终生未娶的边沁据说还有一个癖好：他喜欢独自思考跟功利主义相关的东西，每当有了想法，就会记录下来，然后把笔记依次贴在房间的窗帘上。"

哇，一边嘟囔一边把爱豆的照片贴在墙上，此时心满意足的恐怖肥宅形象浮现在我的脑海中。先前的伟人形象完全坍塌了。

"现在我想问你们一个问题。功利主义主张增加幸福的量即为正义，那么应该如何计算这个量呢？更为根本的是，这种计算真的可行吗？"

我也非常在意这个问题。因为是出自历史伟人之口，所以没太怀疑，不过幸福度真有那么容易计算吗？

"直截了当地说，不行。不，甚至可以说根本就没有可能性。幸福本来就是一个模糊的概念，每个人都有自己的理解。这种东西根本就无法测量，更别说量化为客观的数值了……普通人大概会这么想吧。不过，边沁却不一样。

"他认为这可以实现，并对本来无法操作的'幸福度的测量'表示出了异常的关注。为了寻找这个方法，他奉献了整个人生。

"首先，边沁对幸福作了独特的定义——'幸福即快乐'。换句话说，这个定义就是，幸福即'快乐的增加'，不幸即'快乐的减少'。补充一点，将'快乐'置换为其反义词'痛苦'，该定义仍然成立。那么，原定义就可以重新表述为，幸福即'痛苦的减少'，不幸即'痛苦的增加'。"

说罢，老师将边沁的幸福定义写在了黑板上。

幸福 → 快乐的增加 或 痛苦的减少
不幸 → 快乐的减少 或 痛苦的增加

"边沁为什么会这样认为呢？这与他的人类观有很大关系。他在自己的著作《道德与立法原理导论》中这样说道：

"'自然把人类置于两位主公——快乐和痛苦——主宰之下。只有它们才指示我们应当干什么，决定我们将要干什么。'

"如何，各位？虽然你们可能会觉得很极端，但这个主张直截了当地表现了真理。

"说起哲学家,你们可能会有成见,觉得他们的理论总是绕来绕去的,喜欢用复杂的术语讲述复杂的问题,事实并非如此。真正优秀的哲学家做的工作往往是将这样极端的事物简单化,将能够凸显其本质的理论一口气提取出来。"

原来如此啊。边沁所说的,总结起来就是"到头来,人活着不过是为了获得快乐,从痛苦中逃出来而已"。这句话感觉有点装腔作势,的确很极端。不过,比起复杂地赘述"何为幸福",边沁的观点令人感觉直率舒畅。

"于是,边沁通过将模糊的幸福概念置换为更加具体的'快乐',让幸福变为更容易着手的客观现象。之后,为了建立计算'快乐'的量的公式,他彻底分析了快乐的种类和性质。边沁在他的著作中也展开了相关论述,提出'可采用数量方法对苦乐加以计算,通过计算可以比较苦乐的多少和价值的大小,从而决定人们的行为选择'。由于时间关系就不在课堂上细讲了,但他似乎真的认为快乐的计算是可以实现的。相传边沁还一度考虑要发明一台名为'幸福测定器'的机器。"

幸福测定器?现阶段倒是可以将电极插进脑袋里进行测量,难道边沁连这一步都考虑到了吗?当然那肯定是一幅不忍直视的残忍画面……

不过,从边沁的快乐计算当中,能感受到他无比深刻的执念。简单说,功利主义就是"选择让大家都幸福的那个选项",大家基本上也都赞同这种观点。但是,"话虽如此,幸福终究是因人而异的，且幸福度的总量也无法计算，所以让大家都幸福是极其困难的"。如此，又会让人觉得功利主义不过是陷入死胡同的理论而已。

但边沁并没有因此停止探究。他甚至认为"幸福即快乐"，试图通过探寻将快乐数量化并计算的方法，来实现功利主义。在一般人都会选择放弃的时候，边沁采用了这种极端的思考方式来尝试突破功利主义的局限。对于他这份执着和热忱，我深表敬佩。然而，将人类的幸福置换为单纯快乐的身体反应，总觉得有点可怕。

"那个……"

本来，我是从不在课堂上举手发言的类型，但是因在思考功利主义的过程中出现了刚才的疑惑，无论如何都想问一下，所以把手举了起来。老师示意我发言，于是我起身将问题说了出来：

"那个……边沁所谓的快乐，说白了就是身体层面的舒适对吧？"

"是的。虽然边沁提出了心理性的快乐类型，但在现代人看来，心理性的快乐可以还原为人体器官——大脑所感知的快乐。因此你这样简单地理解也没错。"

"这样的话……假如快乐——身体层面的舒适——等于幸福，那通过吸毒之类的手段获取的快乐也是幸福吗？"

"嗯。正义君，你问得非常好。"

老师用手摸了摸他寸草不生的脑袋，脸上露出一副感慨良多的神情。

"首先有个前提。根据边沁留下的快乐计算法则，所谓的吸食毒品是不能获得幸福的。原因在于，通过毒品获得的幸福，只是暂时的，无法持久，并且紧随快感而来的是巨大的痛苦，比如依赖性和副作用等等。意思就是，假如从毒品中获得的快乐是正100，那么因其副作用产生的痛苦就是负200……正负相抵，结果幸福总量下降100。何止是没获得幸福，还招来了不幸。所以，毒品虽能产生短暂的快乐，但从功利主义的角度来看，不如说它是产生不幸的东西，是绝不可染指之恶物。"

"……意思是说，假如有一种毒品没有副作用……"

"哦哦，这个提问更好了。这种情况下，快乐只增不减，不伴有任何痛苦，所以在功利主义者们看来一点问题都没有。不仅如此，他们甚至还认为，积极研发没有副作用的'毒品'，并分发给大家的行为就是正义。把同样的问题抛给边沁，他也一定会如此回答吧。边沁自己似乎也想要开发一种没有副作用的'毒品'，因此他致力于研究笑气，人在吸入笑气后会获得愉悦感和陶醉感。"

"……"

"嗯？怎么了，正义君？"

"……没，居然走到了研制毒品的地步，感觉做得有点过火了。"

"为什么这么认为呢？"

"诶？因为，毒品是不好的啊……"

"那不过是目前'有副作用的毒品'的情况。而我们在讨论的是'没有副作用的毒品'。如果'毒品'这个词的词义令你不适，无法抹去其负面印象的话，换一个别的词也没关系。我想想，快乐药怎么样？"

不不不，跟药扯上关系立马就变成负面印象了啊，老师。

"但是……如果有这种东西，那让自己舒适就变成了人生的唯一价值或目标了，不也挺糟糕的吗？"

"哪里糟糕了？"

"唔……"

"哈哈，我用了故意刁难你的提问方式，抱歉。正义君提出的质疑是，如果把获得快乐药当作人生的全部，不会有损人类的身心健康吗？其实，快乐药之类的东西早已充斥在我们的日常生活中了，只不过我们还没有意识到。比如烟、酒、咖啡。除此之外还有音乐、游戏、电影、旅游、购物等。以上这些东西不都是快乐药吗？"

啊……我恍然大悟。大人们之所以要喝酒，一定是因为与副作用相比舒适程度更胜一筹。从这个意义上来说，酒是如假包换的快乐药。而且，游戏、电影、旅游之类的娱乐……如果要问人们努力工作攒的钱，最后都花到哪儿去了，无非就是在这些娱乐上……也就是为了获得快乐而挥霍一空。

"除去你们为了生存而必须花费的时间——睡眠、学习、劳动，剩下的自由时间正是可以随意支配的'人生的时间'，而你们在实际生活中是如何度过这些时间的呢？或者说，你们想把这些时间都花在什么事情上呢？到头来，还是用在了名为'娱乐'

的快乐药上了吧。这些可以被认定是为了获得快乐而花费了时间或者是想要花费时间。那么，像这种追求快乐药的行为能不能说它是不健康的呢？你觉得呢，正义君？"

"因为我自己也经常玩游戏，所以不觉得它是不健康的。但是，哎呀，即便如此，用药物来强行获得快乐，还是让人感觉有点膈应。"

"明白了，我能够理解你的心情。你心中的抵触感说白了是由社会或者文化造成的，但随着时代的变迁，抵触感可能会变得越来越弱。你想想，大家乘坐地铁时都在玩手机吧。在智能手机刚刚出现时，对于在地铁上玩手机的人越来越多这个现象，很多人都持批评态度，认为低头族'令人不舒服''不像话'等。但是现在司空见惯了，谁都不会对低头族抱有厌恶感了。"

这时，老师用有些生气的口吻嘟囔道："最后，只要大多数人都做的话，抵触心理之类的东西很快就会消失殆尽的。"

抵触心理啊……的确如此。即使在热闹的商业街与喝得烂醉如泥的人擦肩而过也不会觉得有什么，至少不会认为那是异常现象。究其根本，无非是因为大家对喝酒已经习以为常了。

但是，假如我出生在一个严令禁酒的国家，并在那里长大成人。突然有一天，国内出现了酒馆，年轻人都在那里喝酒，就像现在日本国内出现了一个"鸦片馆"一样，我可能会感到极其厌恶吧。这么一想，因为不符合我们的生活习惯便对其抱有抵触心理，从而立马断定那是错误的行为，这种想法是不恰当的……也就是说，我们应该结合功利主义的观点，根据幸福度的增减，对事物的好坏作出客观的判断。

但是……即便如此……

试想，在科技发达的未来，人们将生活中必要而繁杂的劳动全部交给人工智能来完成，自己却为了追求大脑的快乐，一味地服用没有副作用的药物……这样的人生，单单想想就觉得无比怪异，令人毛骨悚然。

但是，如果因此就感到恐惧的话，那我们对自己的日常生活也应该感到恐惧才对。因为我们在打游戏、看漫画、看电视等娱乐上面已经花费了大量的时间。

"那么，我最后再给大家介绍一个关于边沁的趣闻。他为了促进医学发展，曾经举行了奖励尸体解剖的活动。尸体解剖在今天看来是再平常不过的事情，在当时却不一样。在边沁生活的年代，尸体解剖被看作极度侮辱死者的行为。

"因为，在那时人们信奉的宗教中，也就是基督教中，有名为'末日审判'的信仰。人们相信，在世界终结时上帝会出现，将死者复生并对他们进行裁决。所以，人们无法接受自己死后遗体被切割，认为那是不可饶恕的。并且，尸体解剖在当时是针对死刑犯的刑罚之一，比绞刑更加严重。

"在那样的时代背景下，边沁忽然提出主张，为促进医学发展，希望全体市民死后都将自己的遗体捐献出来。这在当时的社会引起了不小的轰动。当然了，边沁的提议，就连在座的各位听了或许也会皱眉蹙眼、不太情愿吧。谁都一样，即使是为了医学发展，但看到自己的亲人或恋人成为医学生的试验品，被手术刀割来割去，恐怕没有人会感到高兴吧。

"但是，边沁无视了人们的抵触心理，对那时的社会常识不以为意，甚至还将功利主义的思维带入了这个问题。根据功利主义，也就是边沁的快乐计算法，尸体解剖完全没有问题。说起来，人死后大脑即停止工作，无法感受到快乐和痛苦。因此，无论对遗体做何种事情，都不会引起其幸福度的增减。当然，切割遗体可能会给死者家属带来精神上的痛苦。这一点会导致其幸福指数的降低。

"但是，如果这一次的尸体解剖，对减少活人的痛苦作出了贡献，并且使医学得到了发展，那么幸福指数也会因此得到大幅度提高。也就是说，即使扣除死者家属的精神痛苦，幸福指数的总和仍然会增加……结论就是，尸体解剖是一个能够产生大量幸福的行为，也即正义。"

道理我都懂。但是，将尸体解剖称为正义，感觉有些奇怪。

因为，如果反过来看的话，不捐献遗体的家属，就成了"沉溺于个人的快乐而罔顾众生疾苦的恶人"，这不太合理。

当然，另一方面，假如我自己或者我的家人需要马上进行器官移植，否则就会死去，而现在恰巧有一具能够提供该器官的遗体，并且几乎毫发无损，十分洁净……"求求你们了，让我们移植器官吧！可以吧？明明已经死了啊！"我的心情应该会如此吧。但是，即便这样，打着正义的旗号强制要求他人捐出遗体，还是不对劲……啊啊啊，我已经搞不清楚了。

"再补充一句，关于尸体解剖的问题，边沁亲自进行了实践。

他去世之后，捐献了自己的遗体，供医学生进行公开解剖。"

真的假的？不仅宣扬自己的思想，还言出必行，亲自实践，边沁这个人果然不简单。边沁为什么能够成为功利主义的代言人，我现在完全理解了。

"而且，这个故事还有后续。边沁的遗体在被解剖之后，制成了木乃伊，一直保存到现在。"

诶？

"边沁曾思考过，怎么样才能最大限度地利用自己的尸体。用功利主义的话说，就是怎么样运用自己的尸体来提高大家的幸福度。边沁一直在思考这个问题。最后他思考的结果是，将自己的尸体安置在一个谁都能看到的地方，使之成为功利主义的象征。实际上，晚年的边沁不知道从什么地方搞来了一些尸体，像中了邪似的在家里做试验，致力于除去尸体的水分使之木乃伊化。最后，一意孤行的边沁将他的愿望写进了遗书，要求被公开解剖之后，在他的尸体上进行真正的木乃伊化试验。然后现在……边沁的木乃伊被存放在伦敦大学里，并且安放在谁都能看到的地方。感兴趣的同学不用前往伦敦，在网上搜索'边沁遗体'即可，应该能看到他的木乃伊端坐在椅子上。不过，他的头颅被取了下来，重新装了一个假的。真正的头现在被严密保管了起来，但不久之前还被随意摆在他的脚边，像示众的首级一样。照片可能会引起不适，你们搜索前要作好心理准备。顺便说一句，当伦敦大学要举行重要的会议，决定某项大事的时候，评议会偶尔会将边沁的遗体搬入会场，让他出席会议。在会议记录中也会工整地写上'边沁已出席'的字样。

"嗯，总而言之，就这样，边沁彻底践行了功利主义的思想，甚至还把自己的遗体搞成了那个样子……正义君听了这个故事以后作何感想？"

"嗯，我觉得……老实说我有点接受不了。功利主义最开始还是一个比较平稳的思想，但是像边沁那样将其贯彻到底，感觉有些疯狂。在科技高度发达的今天，假如边沁复活了的话，肯定会提出一些更不可思议的主张吧。"

"话虽如此，但功利主义的观点并没有错啊！而且，也找不到比这更正确的观点了吧！"

针对我的负面感想，千幸站了起来，充满激情地反驳道。她继续说：

"或许你认为边沁的行为违反了一般常识，但在我看来，追求幸福指数最大化的行为就是正义中的正义！"

"哦，那么你也试着将功利主义贯彻到底如何？"

"啊？"

"如果你真的觉得功利主义无可挑剔，最能代表正义的话，那么你也应当效仿边沁，不光是嘴上说说，而是在生活中实践它。比如，你每天吃的零食、喝的饮料，现在把它们都戒掉，省下来的钱全部捐给发展中国家。那些饥寒交迫、徘徊在死亡边缘的人们将会得到多大的帮助啊！"

"不，做到这个地步还是稍微有点……至少花生酱我是绝对不可能戒掉的。"

"如果你没想明白，没有足够觉悟的话，就别把自己说得好像功利主义的代言人似的！"

"……"

冷不丁的一顿怒斥，让千幸猝不及防，吓得全身一阵哆嗦。老师这是怎么了？千幸的发言中有令他很不满意的地方吗？透过老师略带红色的眼镜，可以清楚地看到他正怒目圆睁。

"我给持这种想法的你讲一个'生存之签'[1]的故事吧。这世上有很多人，他们因为倒霉而患上了疾病，如果不马上进行器官移植手术就会死去。为了拯救这些人，某个功利主义者想到了一个办法。通过抽签的方式从公民中随机选出一个人，将这个人肢解，取出其心脏、肺、肝脏、肾脏、小肠等器官，用于移植手术。如此操作的话，数个病人就会得救。他提出的就是这么一个法案。那么，现在我来问问支持功利主义的你，这个法案正义吗？"

"这个……当然不是正义……而是错误的行为。"

"不不不！这样回答不对吧！不管怎么想，采纳了这个法案的话，幸福指数的总和就会提高啊，不是吗？因为，一个痛苦的产生可以换来数个痛苦的消失。根据功利主义的逻辑，这不就是正义吗？"

"但是，抽到签的人，本来跟这事儿完全没关系啊……"

"没关系？照你这么说，病人们也一样。他们本来也跟这事

---

[1] 原文为臓器くじ，译自英文The Survival Lottery，作者是英国哲学家约翰·哈里斯。

儿没关系，不过是凑巧抽到了'生病签'而已。他们也不愿意抽到这个签呀。如果这样，那抽到'生病签'的人和抽到'内脏签'的人有何不同呢？而且，假如'内脏签'法案得以确立，那么人们抽到'违背个人意愿的非正常死亡签'的概率反而会因此减少。

"也就是说，非正常死亡的概率减少的恩惠，全人类都能够平等地享受。如果是功利主义者的话，就没有理由反对'内脏签'法案。反倒是你，现在应该立马行动起来，身先士卒地推进该法案，实行它！

"不对，话说回来，对于赞颂功利主义之美好的你而言，法案或抽签都不重要了。世界上因需要做器官移植而痛苦不堪的人成千上万。那么，也就没有必要再推行法案，搞什么抽签了。你用你的腿走去医院，捐出自己的器官即可！"

老师一边说着，一边用手指向了已经自闭的千幸。千幸此时脸色苍白，茫然地伫立着。而后，老师又将手指向了教室门口，满脸通红地怒吼道：

"喂，还在等什么？快去医院！别磨磨唧唧的！"

第4章

幸福能够客观地计算吗？
——功利主义的问题点

　　"啊啊啊！太气人了！那个章鱼脑袋怎么回事儿啊！"

　　千幸怒不可遏。当然，她是因为昨天在课上被老师"吊打"的缘故。千幸把学生会办公室的桌子拍得砰砰作响，来表现她的愤怒。虽然我想吐槽这样做只能让自己的手疼，不会产生任何幸福，但毕竟昨天刚发生了那样的事儿，今天如果再用功利主义的段子来挖苦她，就太残忍了，遂放弃。可是，老师到底为什么用那种充满攻击性的语言来怼千幸啊？不过，老师在发完脾气后，立刻说"我说得稍微有点过了，抱歉"，但也只是对千幸轻微地致以歉意，就若无其事地继续讲课了。不用说，千幸的情绪已经跌入谷底。就像因为没去休息室给大佬打招呼，而被骂得狗血淋头的小演员一样，千幸直到最后都委屈巴巴地低着头，一脸失魂落魄的神色。过了一晚之后，千幸的情绪虽然平复了，但心里还是对昨天的事耿耿于怀，从早上开始就抱怨个不停。

　　"不过，老师说得也有道理啊。"

　　这时，自由姐完全不顾尴尬的气氛，用她惯有的悠闲口吻说道。不不不，话虽如此，但还是给千幸造成了伤害，今天就先别管谁对谁错了吧。为了将自己的想法传达过去，我目不转睛地盯着自由姐。

"哎哟，正义君能对老师的观点进行反驳吗？"

"啊？"

自由姐出乎意料的反应把我整蒙了。看来她把我的凝视当成了在提出异议。不对不对，异议确实是有，但针对的不是这件事。而且，我对老师所说的没有任何意见，所以突然被自由姐这样问话，我竟没法回答。说起来，反驳老师的人应该是功利主义的支持者千幸才对，压根儿就轮不到我啊。这样想着，我转向了千幸，而千幸正向我投来求助似的目光，仿佛在说"正义……"

目睹这样的状况，自由姐嘴角上扬，幸灾乐祸地窃笑着。啊，坏了。我意识到自由姐的"枪口"已经瞄准了我。她身体微微前倾，笑而不语地看着我，好像在催促我赶快说话。那样子简直是在说："快说呀，让我好好听一下你为了帮助受伤的女生，会作出怎样的反驳。"

此时，背后响起了"啪啪啪"的拍手声。这正是一个切换话题的好机会！我像抓住了救命稻草一般，急忙转过身去。那是不知道什么时候站在黑板前的伦理，为了拍掉手上的粉笔灰而发出的声音。伦理朝我们说道：

"我们来梳理一下功利主义的问题点吧。"

她在打什么主意？是为了帮助情绪低落的千幸吗？……或者是要往千幸的伤口上撒一把盐，彻底将她击垮？……我揣测不出她的真实意图。这时伦理继续说道：

"风祭老师说过，伦理课就是学习与正义有关的课。如果对老师讲授的内容有疑问，觉得有不能令人信服的点，那么，我认为我们学生会有义务对其进行认真讨论。因为，通过讨论，有可能推导出'那个问题'的答案。"

说罢，伦理把目光投向了安静地坐在学生会办公室角落里的"那个家伙"。继而，大家都朝"那个家伙"看了过去。

"那个家伙"的存在，激起了全校学生的愤怒以及不安。

按道理来说，"那个家伙"问题的优先度要高于"倒卖炒面面包的投诉"，应当提上会议日程。但我们对此束手无策，只能暂且将其搁置一旁。伦理所说的是，为了解决这个悬案，我们应当现在就展开讨论。她已经把风祭老师在下课前列出的"功利主义的问题点"逐条写在黑板上了。关于这些问题点，老师并没有在课堂上进行说明，而是要求我们在课下进行讨论，下次上课前把讨论结果写成报告提交上去。简单说就是课后作业。因此，我们像这样互相讨论也有助于完成作业，可谓是一箭双雕。

问题1：幸福度到底能不能客观计算？

"首先是第一个问题。边沁以'快乐可以数量化并计算'为前提，展开了他的学说，但这个操作实际上并不能实现。就是这么一个问题。"

"嗯，是的。光是这个前提就有不合理的地方呀。"

"总之，我也作了一些关于边沁的调查，他似乎想要以某种

东西为基准，作为衡量快乐的相对价值，以此将快乐数量化。我
想想，比如说……"

伦理盯了我一会儿，随后将手伸进口袋里，掏出了一枚 100
日元的硬币。接着，她将硬币随手扔到了地上。硬币叮当作响。
在学生会办公室里很少能听到这种声音啊，我这样想着，茫然不
知所措。这时，伦理开口说道："请捡起来。"

"诶？"

我一头雾水，但姑且还是照做了。不知是凑巧还是有意为
之，伦理抛出的硬币掉在地上之后就咕噜噜地滚到了桌子底下，
很难够到。我光是蹲下还不行，必须趴在地上才能捡到。为了别
人扔的一点小钱，像这样趴在地上拾捡，这处境意外地——不，
实在是令人感到悲哀……她到底在搞什么花样啊？

"怎么样，捡到别人丢的 100 日元，高兴吧？"

"是的，很高兴。"

我完全一头雾水。就这样一边趴在地上攥着 100 日元，一边
仰视对方回答道。然而，说完后才感觉有点不对劲。这俨然又是
一个令人感到无比屈辱的处境。

所以说，这到底演的是哪一出啊？

"像这样，在走路的时候碰巧捡到别人掉的 100 日元，产生
'运气真好，赚了'的心情，我们将其定义为'幸福指数 1 点'。
接下来，正义君，我把你捡到的 100 日元送给你，但作为交换，
我要用力扇你一耳光，如何？"

"好的……啊，不不不，这我可不愿意。"

"是吧，不划算对吗？那么，不是 100 日元，而是 1000 日元呢？"

"诶？虽然还是不愿意，但 1000 日元……"

这对话是什么逻辑，我又搞不明白了。总而言之，我的理解是挨一巴掌就能得到 1000 日元。当然，仅仅因为 1000 日元，就让我舍弃一个男人的尊严，哦不，舍弃生而为人的尊严，是绝对不可能的。

不用说，我断然予以拒绝。

"那，2000 日元怎么样？"

"这个 OK！"

我立马回答道。坏了……不，老实说，忍一时之痛换得 2000 日元，感觉是相当划算的买卖。而且最重要的是，我这个月的零花钱已告急，急需资金周转。

这个回答令自由姐发出了"哇"的声音，听上去像是在对我表示轻蔑。别别别，自由姐，人间的贫困窘境，像您这样的富家千金是理解不了的。

"所以，对正义君而言，挨一耳光等于 2000 日元，也就是说，相当于捡 20 次 100 日元对吧。因此，可以把挨一耳光换算为幸福指数负 20。"

自由姐对伦理的解释很是认可，连连点头。

"啊，原来如此。将捡到 100 日元当作幸福指数 1 点，连捡 20 次之后就能够坦然接受挨一巴掌的痛苦，这样的等式就成立了。哇，这家伙，是认真的吗？"

自由姐，请你别在悠闲的口吻里掺杂发自内心的鄙视了好吗？

"没错。如此，'捡到 100 日元'的幸福，'挨一耳光'的不幸……虽然两者是完全不同的事件，但是相互抵消的关系是——

$$20 \times '捡到 100 日元' + '挨一耳光' = 0$$

"我们就可以列出该等式。假如将'捡到 100 日元'置换为'幸福指数 1 点'的话……接下来就是单纯的数学问题：

$$'挨一耳光' = 幸福指数负 20 点$$

"这样就可以推导出这个答案。怎么样，你们不觉得幸福可以数量化吗？"

这时，我发现千幸听了伦理的说明后，全身都在哆哆嗦嗦地颤抖。

"这个……是边沁的想法吗？"

"是啊。"

"厉害！我跟他想得一模一样！"

说罢，千幸从包里取出笔记本，翻开放在了课桌上，像在跟我们炫耀似的。翻到的那一页里，她写的文字密密麻麻地填满了各个角落。我定睛看了其中的一行，立马明白了这个笔记本的用途。

$$'请我吃拉面' = 2 \text{ Hug}$$

Hug 说的就是拥抱吧……我挺想吐槽她是怎么算出来的，不过总而言之，这应该和刚才伦理说的数量化是一个道理。除此行以外，其他行也一样，写满了她能想到的所有事例，比如"与爱豆在街上偶遇"或者"免除作业"之类的，都用"Hug"作为最小单位进行了数量化计算。看样子，笔记本的每一页应该都写着相似的内容。

"对，诚如边沁所言！幸福度、幸福感的增减虽然不能简单地进行数量化，但以某种事物为基准，用该事物的几倍这种理解方式就可以完成数量化！真能干啊边沁，竟然和本姑娘想的一样。"

不对不对，说反了吧，凭什么边沁在你之下啊。

"但是，说到 Hug，拥抱对象不同，幸福感也会发生变化吧。到底是以跟谁的 Hug 为基准的呢？"

自由姐一边说着，一边笑嘻嘻地盯着我和千幸的脸来回打量。得了吧，自由姐，虽然我可能是千幸最亲密的异性朋友，但反过来说也因为我俩太过熟悉，所以完全没有"那种感情"。不过，假如说真有"那种感情"，也如自由姐所想，这个迷之单位是以与我的 Hug 为基准的话……拥抱两次才相当于一碗拉面，说实话挺受打击的。

"的确，看起来好像能够进行数量化，不过数量化的精度方面存在着局限。应该说，不管怎么样都会有个人的主观性掺杂其中……比如说，笔记本中的这个部分。"

伦理用食指指向了某个等式。看了那个等式之后，我不由得大吃一惊。

$$\text{“吃香菇”} = -50000 \text{ Hug}$$

"啊，因为香菇我是真的接受不了。"

哎哟，这不是主观得离谱吗？这个例子让我明白，千幸的笔记本一无是处。还有一点……我想说的还有一点……

"正义君，虽然你五万个 Hug 只能等价于吃一颗香菇，但你也不必这么失落吧？！"

"诶诶诶，你在说什么呀，自由姐!"

终于，我像被戳中了心事一般，下意识地作出了非常生硬的反应。不不，我其实并没有失落……

"对不起，正义，香菇我是真的接受不了。"

喂，你这样回答的话，等于说承认了是把和我的拥抱当作基准单位了啊。这样真的好吗？

哎，先不说这个了。仔细翻看千幸笔记本中的内容，还能找到很多奇奇怪怪的等式。比如"骨折等于负 3000 个 Hug"是当中最奇葩的。比起骨折，更讨厌香菇，上哪去找这种人啊？个人的主观色彩太强烈了吧，这个……

"千幸，我说你啊，这个笔记有点勉强吧。"

"啊，是吗？为了某一天能将它们登载到学生手册上，我一直在孜孜不倦地写着，果然很勉强啊……这样一来学生手册就会变得很厚了吧。"

不，我说的不是厚薄的问题。而且，如果当真以和我的拥抱作为基准单位的话，把这个内容写入学生手册也太不合适了吧。

"还有，小千幸，我在想，人每天的感受都会变化的。对我而言，我的幸福指数1点和千幸你的幸福指数1点未必是一样的。幸福指数1点的量原本就有所差别，也就是说，假如它是一个会因当日的心情或者当事人的不同而变化的东西……那就意味着单位不同了吧？因此加过来减过去也就失去意义了。"

"唔……"

自由姐戳到了千幸的痛处。

"边沁好像也注意到了这个问题。比如，为了2000日元就能出卖人的尊严，对于在这种教育环境下成长的正义君而言，捡到100日元应该是无比开心的一件事情。但如果将这份幸运重复100万次，某人就会拥有一亿日元，那么对他来说，即便再捡到100日元，也不会这么开心了。"

"就是这么回事。其实换作我的话，就算掉了100日元也懒得捡。"

"正义君如果有1亿日元，还会为了2000日元去挨一记耳光吗？"

"就算给1万日元我也不干！"

一记耳光2000日元的梗，使得对于我人品的评价出现了断崖式下跌。我意识到了这个问题，于是斩钉截铁地回应道。

不过，我也不否认，因为假设自己拥有1亿日元而感觉瞬间膨胀了起来。

"嗯嗯，就像现在的正义君一样，人根据所处的状况不同，感受快乐的方式也会发生变化。因此，简单的加减运算就无法成立。换句话说，100 个幸福指数 1 点相加之和并不等于幸福指数 100 点。"

"简单地说，情侣间的第一个吻会让他们心潮澎湃，幸福感爆棚，但从第二次开始就会逐渐减弱……所以说，不能把吻的次数原封不动地转化为幸福的量……"

自由姐眯着眼睛，略显忧郁地说道。嗯……虽然她想把问题解释得通俗易懂，但毕竟我还没有任何"经验"，所以没法点头表示认同。

"啊，我懂我懂！"

"嗯，可以理解。"

不对不对，你们俩应该也跟我一样吧。

"说到底，幸福度的计算总结起来存在两个问题点。

"第一，人与人的感知以及所处的情况各不相同，所以无法制造出一个适用于所有人的快乐基准单位。

"第二，从快乐的性质上来说，100 个'1'相加不等于'100'，因此加减运算的等式不能成立。最终，快乐计算法因无法进行具体的数学运算，也无法突破人的主观所带来的局限性，所以得出结论，边沁的快乐计算法不能运用于现实生活中，无实际意义。"

问题 2：身体层面的快乐是不是真正的幸福？

"功利主义的第二个问题是，将身体层面的快乐原封不动地同幸福或正义相关联，这种思考方式是否正确。这一点被一位相当于边沁的弟子、名叫穆勒[1]的哲学家批判道：'估计一切其他事物的时候，质、量两方面必须同时加以考虑——对快乐的估计只凭'量'，这就不通了。'"

"什么意思？这个叫穆勒的弟子所说的话，我一点也不明白。什么叫快乐的'质'？单纯地获得大量快乐不就行了吗？"

"哎呀哎呀不对哦，小千幸。身体层面的快乐啊，不管获得了多少，最后都只会让人感到空虚罢了……"

自由姐的眼神又变得忧郁起来。搞什么啊，那口气，仿佛已经把人间的快乐都尝遍了似的。

"如果是小千幸的话，嗯，我觉得，把恋爱代入其中会比较好理解吧？那，我问小千幸啊，你喜欢肉欲式的、只要身体获得满足即可的恋爱，还是喜欢精神上的恋爱？比如，从心底里尊敬对方，碰一下手或者四目相对就会令你内心激动无比的那种恋爱。"

"那绝对是后者！"

"原来如此，非常通俗易懂的例子。我也选择后者。"

女生们好像达成了共识。

"那么，对这个问题还懵懂不知、不了解女生心思的正义君，为了让你也明白，我就稍作补充吧——"

---

[1] 约翰·穆勒（John Mill，1806—1873），英国著名哲学家、心理学家和经济学家，支持边沁的功利主义，其古典自由主义思想在19世纪影响深远。代表作有《论自由》等。

不不不，副会长，我也懂啊。难不成，我已经被扣上学生会中与恋爱最无缘的人设了吗？

"例如，'一边听着嘈杂的音乐，一边大口喝酒撒泼的快乐'，能给身体带来物理性的刺激，因此能够从中获得强烈的快乐。不过，与之相比，'听着古典音乐，漫步在美术馆中欣赏艺术作品的快乐'应该更加健全，可以被认为在'质'上更胜一筹。所以，后者有更高的价值。我们说的就是这个。"

"嗯……这样啊。你的意思我明白了。的确，第二种快乐给人感觉更高雅，或者说更高尚。"

说老实话，我对后者并不抱有太大的积极性。不过嘛，把"瞎闹腾"和"艺术鉴赏"放在一块儿来看的话，大多数人都会更加向往后者，这很容易理解。

"的确如此。下流的快乐和上流的快乐，低俗的快乐和高尚的快乐，像这样换种说法可能比较容易理解。总之，穆勒对边沁提出了如下反对意见：'肉体的或物质的快乐与精神的快乐相比，后者远较前者高尚'。"

这个弟子的批判可真够猛烈啊。

"嗯……是这样的吗？我觉得，何为低俗何为高尚，因人而异，没有定论。"

就千幸而言，算是很不错的质疑了。批判边沁学说可能会让她感到不悦，即便那个人是边沁的弟子。不对，搞不好千幸已经将自己和边沁重叠起来了，觉得是自己在遭受弟子的批判。

"嗯嗯，小千幸说得对。何止没有定论，就拿所谓的高尚的快乐来说，如果没有出生在较好的家庭，没有一定程度的知识储备，人们根本就无法理解它吧？"

虽然依旧是十分悠闲的口吻，但仔细听的话，能感受到自由姐的发言中带有很强的优越感。"总之，至少也得出生在屋里有钢琴的家庭才行。"自由姐补充的这句话似乎令她的优越感又提高了几分。

对此，千幸有点不自然地说道：

"啊……嗯，我家好像也有钢琴啊。"

哎哟哎哟，别逞强了千幸，自由姐口中的钢琴指的应该不是你那台玩具琴吧。

"我觉得自由姐优越感满满的发言有点不妥。"

不愧是伦理。即便是对着自由姐也能直言不讳。

"不过，穆勒的主张事实上就是如此。"

啊，真的吗？

"根据穆勒的说法，人类可以分为'低级人'和'高级人'。如果把'低俗的快乐'和'高级的快乐'摆在他们面前，低级人无法理解'高级的快乐'，只会选择'低俗的快乐'；而高级人能理解两种快乐，必定会选择'高级的快乐'。如果找来一群'高级人'，让他们来选择，就一定能区分出'低俗的快乐'和'高级的快乐'。"

哇……穆勒将人进行如此区分的时候，也是优越感爆棚吧。

"我来给大家读一段穆勒亲笔写的文章吧。"

伦理拿出了她的笔记本，先声明"为了阅读方便略加改动，但意思保持不变"，然后开始朗读：

"对于两种快乐都了解的人，毫无疑问会选择高级的快乐。就像即使给你最多的禽兽的快乐，也不会有人同意让自己变成低等动物吧。另外，就算知道白痴、粗人、坏人都对自己的人生很满足，聪明人也不会想变成白痴，有教养的人也不想变成粗人，有良心的人也不想变成坏蛋。高级人获得幸福，本来就比低级人需要更多东西，因而也更容易感到苦恼。但尽管有这些负担，高级人也绝不向下堕落成低级人。"

穆勒……请你稍微委婉些吧……什么东西啊，这高傲无比的精英意识。

穆勒给人一种自命不凡的感觉，仿佛在说，也许愚蠢之人能够因低俗的快乐而心满意足，但我们精英和这些愚人可不一样！

"穆勒，太厉害了……佩服！"

诶？佩服他什么？居高临下吗？

"还得再接再厉！"

说罢，自由姐仰头盯着天花板。

"小穆勒说得有点过头了吧？不过，他本人在现实生活中是怎样的呢？是高级人吗？"

千幸好像还真把穆勒当成自己的弟子了。话说，"小穆勒"是怎么回事？估计是名字的语感让千幸产生什么误解了吧，他应该是一个上了年纪的大叔。

"虽然不清楚他是不是高级人，但至少可以确定他是富裕阶层的精英分子。顺带一提，他好像从不去学校，由身为学者的父亲亲自教授学问，也就是所谓的'精英教育'吧。不过，他的父亲好像是一个非常严厉的人，禁止他和附近的小朋友一起玩耍。穆勒每天只能埋头于学习之中。穆勒 3 岁开始学习希腊语，8 岁开始学习拉丁文、数学、哲学、经济学等，16 岁的时候已经能独立撰写政治评论并向杂志社投稿。"

"小穆勒，厉害，真厉害。"千幸赞不绝口。

不对吧，虽然的确很厉害，但如果是我的话，会想要逃离这种严苛的家庭环境。穆勒真的能挺起胸膛断言"这样很好，自己的童年非常幸福"吗？

另一方面，自由姐的表情略显复杂。一定是因为富裕阶层的孩子的艰辛童年让她感同身受的缘故吧。

"不过，与小穆勒比起来，还是边沁的理论更加直白，易于接受。只有精英才能理解高雅的快乐，这一类的表述，老实说让人觉得有点儿火大。"

"没错。很多人都对穆勒独断的精英意识提出了类似的批判。"

哎，这就对了。由众多精英或知识分子决定的事项，很多都不符合一般常识。这种现象在今天也随处可见。精英并不一定永远正确。

"总之我投边沁一票。小穆勒始终都没有跳出主观的局限。"

你这个声称吃一颗香菇等于负五万个 Hug 的人还好意思说？

"的确，边沁的理论更清晰明了。其实，边沁认为只要能获得快乐，做什么都可以。他还留下了一句名言：'如果快乐的品质是一样的，图钉游戏和作诗一样好。'"

"啊，等一下，刚才的话里有一个词我没反应过来。"

千幸举手说道。对对，我也有个词不太懂，同样是因为"没反应过来"。

"'作诗'是什么意思？"

哎哟，你说的是这个啊。

"哦哦，作诗就是创作诗歌、写诗的意思。"

"啊，这个啊。我偶尔也会写点诗，嗯，的确是高雅的爱好。"

哎哟，这个怎么样都无所谓啦，有更重要的问题吧。

"小千幸也是？我偶尔也会写哦。跟写诗比起来，图钉游戏的确很低俗。（笑）"

刚才还一脸忧郁、沉默寡言的自由姐，此时重新加入到对话中。看来自由姐好像知道图钉游戏的玩法。貌似还真是低俗的游戏。

"嗯嗯，我懂我懂！"

"是的，没错。"

啥？等下。莫非，除了我以外，大家都知道图钉游戏是什么玩意儿？

"不仅如此，边沁的这句话还有后续，'假如图钉游戏能带给人更大的快乐，那它就比作诗更有价值'。"

"哇……真的吗？（笑）"

"这个我确实不敢苟同。（笑）"

强烈的孤独感油然而生。哎哟，说真的，图钉游戏是啥呀？

那到底是多么低俗的游戏啊？

"顺带一提，穆勒留下的话是这样的：'做一个不满足的人比做一头满足的猪好；做一个不满足的苏格拉底[1]比做一个满足的傻子好。'"

"哎呀，这句话挺耳熟的呢。"

"是的，将这句话缩短之后就变成另一句更耳熟能详的名言了，'宁愿做一个痛苦的苏格拉底，也不做一头快乐的猪'。"

"啊，这句话我听过！"

比起这些，我更想知道图钉游戏是什么。因为有个'钉'字在里面，所以应该与扎什么东西有关。而且，还是一个低俗游戏。

"这里说的苏格拉底，众所周知，是古希腊的哲学家，据说他宁愿喝下毒酒也不愿动摇自己坚信的正义。也就是说，苏格拉底可以称得上用生命证明了一个道理，那就是，单纯地追求快乐的增加并非正义……我觉得，在讨论正义的时候，苏格拉底的生活方式有着非常重要的意义。比如，正义君！"

"在！"

看样子，回到图钉游戏的话题上是没戏了。刚才的闲聊氛围已经消散殆尽，伦理正用认真的表情，直勾勾地盯着我。

"假设正义君是偷窥狂。"

"啥？"

"不，当然这只是假设。我相信正义君不是那样的人。"

---

[1] 苏格拉底（Socrates，公元前470/469--公元前399），西方哲学的奠基者，古希腊三贤之一。

伦理的确没有恶意，只是提出假设，刚才的解释也非常诚恳。但是，可能与她与生俱来的气质有关，说话时的口吻和目光都非常冷傲，令我内心忐忑不安，总感觉自己真的被怀疑了一样。

"假设正义君是偷窥狂，并且某一天突然获得了超能力——透视技能。利用这个技能，正义君可以随意偷窥喜欢的女生的身体，尽情获得肉体性的快乐……不过，因为这是非同寻常的能力，所以不能被别人知道。

"当然了，偷窥本身属于犯罪行为。但是，至少在这个假设中，偷窥的正义君不会被发觉。意思就是，在这种情况下，由于谁都不会因此感到痛苦，可以算作'没有受害者的犯罪行为'……那么，可以将这样的行为称作正义吗？"

毫无疑问，没有一个人点头表示同意。

"但是，用边沁的功利主义，即快乐计算法来判断的话，正义君获得了快乐，而其他人没有感受到痛苦，所以快乐计算的结果是正数……也就是说，可以得出该行为是正义的结论。但很明显，这是不正义的。总之，正如穆勒批判的那样，边沁这种'肉体性的快乐增加即可'的单纯逻辑中存在着致命的问题。这个问题就是，无法杜绝刚才所说的'没有受害者的犯罪行为'。

"归根到底，边沁的功利主义，肯定了贪图低俗快乐的'肥胖的猪'，但对像苏格拉底这样的人——即便损害自己的利益，也要将正义贯彻到底的'高洁之人'的评价，则远远没有到位！我认为，这就是功利主义的根本性缺陷！该缺陷表明，功利主义无法成为有效的正义判断标准！"

问题3：“功利主义的强权化倾向”——家长主义[1]

"那么，最后是家长主义的问题。"

"等一下！第二个问题还没有讨论完呢！"

伦理噼里啪啦地把自己要说的都说完之后，便准备进入下一个问题。千幸忽然意识到这个情况，虽然略显迟钝，但还是慌慌张张地阻止了接下来的议题。

"你有什么想反驳的吗？"

伦理看起来非常意外，虽然话说到一半被打断了，但脸上没有丝毫的不悦。从伦理的态度和反应来看，她独断地切换到下一个话题，并非因为不想听到不利于自己的反对意见，而是单纯地、发自内心地认为不可能还有反驳的空间。

"事到如今……"

千幸面色凝重地嘟囔道。沉默了数秒后，她像有了某种觉悟一般，猛然睁大双眼说道：

"引入小穆勒……弟子的理论！"

哎哟，别搞得好像真是你的弟子一样。

"正如小穆勒所言，只要把快乐的'质'考虑在内，'没有受害者的犯罪'的问题就迎刃而解了吧！"

"的确是这样没错。身为偷窥狂的正义君，不管通过偷窥的途径获得了多么强烈的快乐，但如果认定那种快乐在本质上既下

---

[1] 原文为パターナリズム，译自英文paternalism，也可译为父爱主义、父权主义。指存在于政治、经济、雇佣关系上的那种与父子关系类似的保护、支配关系。

流又低俗，没有丝毫价值的话……"

"对，正义君的偷窥行为不会带来幸福指数上涨，不，甚至可以说会导致幸福指数下降。这样一来，就能以功利主义之名，宣判偷窥狂正义君罪大恶极！"

……如果现在有人在走廊里听到了这番话，绝对会产生误解的。

"好吧。不像边沁那样，将所有的快乐都当作加分项来把握，而是如穆勒所说，快乐也有优劣之分，把好的快乐当作加分项，把坏的快乐当作减分项。如果这样进行换算的话，我的批判也就无法成立。"

"对吧！"

千幸像打了胜仗了一般，抱着胳膊，一副得意洋洋的样子。

"当然，正如千幸自己说的那样，穆勒的理论当中也存在着疑问点，那就是'快乐的质由谁来决定、如何决定'的问题，总之先暂且不论。接下来，讨论继续。第三个问题，家长主义的有关内容。"

"家长主义是什么呀？"

为了不重蹈图钉游戏的覆辙，我立马问道。

"家长主义是从 Paternalism 翻译而来的。这里的'家长'指的是，我想想……就是不顾本人的意愿，独断地向其灌输自认为正确的东西……请你想象这样一个人。"

"……"

我脑子里想象出来的就是眼前这位……瞅了眼其他人，不仅是千幸，连自由姐也摆出一副微妙的表情，好像在说，那不就是你吗？

"简单说就是'自以为是地瞎操心主义'对吗？"

自由姐用食指戳着自己的下巴，面带微笑地说道。

"是的，这样表述应该也是可以的。"

伦理点头表示赞同。哎，我怎么觉得自由姐是在讽刺你啊。

"总之，家长主义指的是，强者以帮助弱者为名，不顾当事人的意愿强行对其进行干涉或协助。如果把这里说的强者和弱者，想象成医生和患者的话，应该会比较容易理解。比如，医生拥有专业的医学知识，患者则没有。从知识水平角度来说，医生为强者，患者为弱者。假设患者对自己的身体状况毫不关心，吃的食物也都不利于健康，那么医生就会对患者的饮食生活进行干涉，会说'这个这个还有这个，千万不能吃'之类的话。家长主义——自以为是地瞎操心主义，指的就是事例中医生的这种行为。"

"咦，这样不是挺好的吗？往坏了说，可能是多管闲事，但医生也是在为患者着想啊，遵医嘱不是应该的吗？而且医生肯定不会禁止我吃花生酱的！"

搞得花生酱好像是健康食品似的。原来如此，这就是弱者啊。我好像体会到医生想要干涉患者的心情了。

"的确不能一概而论，都看成坏事。但是，在'不顾当事人的意愿'这一点上，确实存在问题。比如，医生以对健康负责为由，对患者实施拘禁或收缴其私人物品，这样做就很过分了。家

长主义的行为虽然表面上看起来是正当的措施，但很容易转变为
'强迫他人的行为'。"

千幸抱着胳膊，点头表示同意。

"啊……没错没错。自认为有好处就命令别人做这做那，在
此过程中强迫的程度还会不断升级。但是，咱们现在讨论的家长
主义，跟功利主义有什么关系呢？"

"何止有关系，它就是如假包换的功利主义。说穿了，功利
主义在本质上正是家长主义、瞎操心主义，它原本就包含家长主
义的问题在内。"

"啊，为什么呀？"

"不论边沁还是穆勒，功利主义者们追求的是最大多数人的
最大幸福。换句话说，就是大家的幸福。因此，他们为了使这种
幸福成为现实，就会行使'强迫他人的强大权力'。上课时老师
讲的饭团的故事，你们还记得吗？"

"呃……啊，嗯，还记得。三个人中有一个人处于饥饿状态
的时候，应当如何分配饭团的问题。结论是，分给饥饿的人更多
份额的饭团，会让整体的幸福度提高，对吧？"

"嗯。但是，为了将这个结论转化为现实，就必须使用强权，
从不处于饥饿状态下的另外两个人那里强制地征收饭团。请回想
一下曾经的苏联。苏联就是以平等的正义为宗旨，追求全体国民
最大化的幸福度，但存在着将政治体制转变为具有强权性、压迫
性的倾向。其原因并不是苏联都是坏人，而是要想实现'平等的
正义'，就必须采取强权和压迫手段。

"苏联认为，如果让人民进行自由活动，一定会出现成功者和失败者、富人和穷人、一方将另一方当作奴隶使唤等不平等情况。所以，为了改善这种不平等，贯彻平等的正义，就必须运用强制力——强制性的权力——来对成功者和富人的自由、所有权进行约束和限制。当然，功利主义者并不都是苏联人。但是，他们的思维模式是一样的。功利主义在本质上，也是通过削减一部分人的特权，来实现最大多数人的最大幸福。只要功利主义以此为目标，强权就一直是必不可少的手段，从而不可避免地患上家长主义的痼疾。"

"可是！"

千幸发出了反对的声音。

"就算出现家长主义的毛病，也没什么不可以的吧！因为，那样的话大家都能变得幸福啊！我反倒觉得放纵个人我行我素，导致大家的幸福度下降，这样的问题才更大。而且，你瞧，有句老话不是说，'我为人人！人人为人人'吗？"

不对，才不是这么说的呢。一句相当经典的格言，因为掺杂了某个小鬼头的大白话而变得支离破碎。依我看，现在反而成了一句将功利主义的傲慢体现得淋漓尽致的格言了。

而后，千幸将食指指向天空，高声宣布道：

"ONE FOR ALL! ALL OR DIE!"

我已经不知道该如何吐槽她了……总之，她要表达的意思大概是"为众生服务！不然就去死吧！"俨然化身为一句带有独裁国家味道的格言了。

"……不是吧，这很不正常啊。"

这次是自由姐发出了反对的声音。她声音里蕴含着怒意，因而有些颤抖。啊啊，不妙。随着讨论的推进，我隐约有所预感和担忧。家长主义的问题，正好是自由姐最讨厌的限制个人自由的问题啊。

"听好了，小千幸。虽然你觉得为了大家都能获得幸福，动用强权来决定可以被接受，但在我看来，这并不意味着大家获得了真正的幸福。"

"这个问题可以通过快乐计算法……"

"不对，关于快乐计算法，在讨论第一个问题点时不是已经得出结论——'无法突破主观的局限性，因而无效'了吗？穆勒'质'的问题也是如此，既'无法确定什么是高级的快乐'，也就无法跳出人的主观带来的局限性，不是吗？"

"……"

"无法跳出主观的局限性，也就是说，只要快乐计算法没有获得客观性，其计算结果就极有可能是错误的。如果将这种可能出错的东西，称为绝对的正义，甚至被某些有权之人加以利用、强制推行的话……岂止是不正义，简直就是地地道道的邪恶！"

自由姐最终道出了关键所在。她斩钉截铁地断言，功利主义、平等的正义，并非正义而是邪恶。

不出所料，这番话给千幸造成了极大的打击。和被老师吊打的时候如出一辙，千幸脸色苍白，沉默不语。

"可是……"

尴尬的沉默之后，终于，千幸用有些辛酸的语气，开口说道。

"在未来，科技更加发达、技术更加进步的时候……也许会发明出可以检测人类大脑的机器，这样就能完美地将幸福数量化。如果这种机器被制造出来，就可以客观地计算快乐，也就能找到方法去准确无误地提高全员的幸福度。"

这番话在我听来，不过是在极其主观的推测下，形成的极其勉强的辩解。简单说，就是边沁所言的幸福测定器。而反观自由姐，不用说，满脸都是不认同的表情。

"你说等那种机器被制造出来……具体是何时呢？100年以后？200年以后？思考这种不现实的东西，有意义吗？我觉得思考假如'随意门'[1]被发明出来这类问题，纯属是在浪费时间。"

"不对。我觉得，在这个问题上，硬要按照思想实验的方式来思考也不是不可以。"

这时，伦理发出了对千幸的声援。哟，老实说，还真没想到。

"我认为，应当设定一个对功利主义来说最为理想的情况，然后，在这个基础上试着推进我们的讨论。"

"你是说，假设客观的、完美的快乐计算可以实现？"

对于这个意想不到的援军，千幸露出了既高兴又疑惑的表情。也不能怪她，毕竟，伸出援手的是那位伦理大小姐。如果没

---

[1] 日本动漫《哆啦A梦》中的道具，亦可译为"任意门"。进入此门后可以到达使用者心中想要前往的任何地方。

有特殊情况，她是不会站在千幸和功利主义这边的，更别说因为同情了。这一点对长期和伦理争风吃醋的千幸而言，是再清楚不过了。

"不。我并不认为将'边沁所言的幸福测定器'制造出来的白日梦能够实现。说到底，不过是在假设有那种机器而已。我想说的是，即便有幸福测定器，功利主义仍然存在问题！"

哇。意思是，伦理为了将功利主义彻底击垮，故意认可了对功利主义有利的辩解。这根本不是什么援军啊。伦理果然还是铁面无情。

"那么……"

伦理说罢，清了清嗓子。而后，她深吸一口气，继续开始了论述。

"让我们假设，在未来，脑科学比现在有了更长足的进步，边沁热衷的幸福测定器被发明了出来。借助该仪器，我们摸清了全人类大脑中的一切物理特性——不管对人施以何种刺激，产生何种快乐，其感受有多么强烈，该仪器都能客观地对人们的快乐进行数量化计算。

"这样一来，数量化的问题就不存在了。然后，快乐的'质'的问题，交由人工智能来解决。例如，醉酒之后撒泼胡闹能产生大量的快乐，但如果一味地放纵这种短暂、强烈的快乐行为，就会出现问题——人无法从细微的快乐中获得满足，转而盲目地索取更强烈的快乐。从长远的角度看，这有可能使快乐的总量减少。

"而且，通过贬低他人来获得乐趣，贪图这种低俗的快乐会使人的性格扭曲。所以，此类人能体会到的快乐也会逐渐减少，甚至会滋生出痛苦。如此……也就是说，在考虑将'人的一生中获得的快乐总量'最大化的时候，比起短暂的、颓废的快乐，持久的、健康的快乐才更有价值。因此，可以得出结论，应当避免前者，积极地追求后者……那么，摄取何种快乐才会带来更好的结果，即将'人生的快乐总量最大化'呢？这个问题交给人工智能，由它来模拟人的大脑，替我们作出客观的判断吧。换言之，给予一个人何种快乐，从长期看能否产生好的结果，由人工智能对此进行准确的模拟和裁定。与醉酒之后的撒泼胡闹相比，和亲密的友人一起开心地散步更有益，人工智能一定会如此判定吧。"

伦理一口气提出了在技术层面上解决前两个问题点的假设。

"在此基础上，我有一个疑问。我们需要按照人工智能判定的那种方式生活吗？"

"这是显而易见的吧。典型的管理型社会，反乌托邦！"

自由姐用不耐烦的口吻说道。这个问题嘛，我同意自由姐的观点。这其实是说，按照他人强加给自己的要求生活，例如必须早睡早起、不准吃零食、游戏每天只能玩一小时等此类绝对正确的事情。的确，这样一来，完美无缺的生活方式便可以实现。话虽如此，服从与否就是另一回事了。

啊，原来如此，我明白伦理的意图了。她之所以接受千幸的强行辩解，是为了将该假设中包含的快乐计算，与'应当强制性地使人服从吗？'的家长主义问题联系起来。

"可是！话虽如此，但遵照人工智能的指令，大家就能切实地变得幸福吧。这样的话，我认为应当遵照人工智能的指令！"

千幸出于其立场，当然不会就此示弱。

然而，她的回答正中伦理下怀。

"明白了。那么我们假设，现在全球出台一条法律，规定人类必须依照人工智能的指令进行生活，功利主义者们的夙愿——'最大多数人的最大幸福'就能得以实现。这个人工智能，当然会恪守平等，为了让全人类的大脑获得最大限度的快乐而持续地向社会公布准确无误的判定结果……但是，这样的话，人工智能一定会判定，之前课上提到过的'内脏抽签'是应当被执行的。"

"诶？"

内脏抽签……这个制度就是，通过抽签的方式选择一个人，取出他的器官去拯救其他数个病人。在如此关键的时刻旧话重提，伦理果然是毫不留情啊。

伦理如同已经扼住对方命门的棋手一般，一鼓作气滔滔不绝地说着，掷下了决定这场辩论输赢的"棋子"。

"这种情况下，我们也要遵从人工智能的判定吗？再补充一点，假设有不遵守判定、反抗这个系统的人存在，人工智能判定，此人会导致大量幸福流失，从而对该反对者处以拘禁的惩罚。即便如此，我们也应当遵守人工智能、功利主义的判定结果吗？"

"如、如果，人工智能有那么聪明的话……总有不需要内脏抽签的那一天……没错！谁也不会感到痛苦，没有意外事故、没有疾病的世界一定会到来！在那天来临前的短时间之内……我觉得即便有内脏抽签，也没关系！"

千幸垂死挣扎般地说道。她的回答实际上是在说，虽然这是不好的，但加个期限的话……虽然我不同意，但闭上眼睛视而不见的话……我觉得，这个回答已经脱离了问题的本质。

"明白了。那么我们假设，人工智能想出了如下这个不再需要内脏抽签的办法：将全人类的大脑取出来，插上电极，浸泡在营养液中，运用使人产生梦境的装置来给大家虚拟现实世界，在此基础上，给每个人提供合乎他们需求的快乐……这样如何？如此，谁也不会再尝到痛苦的滋味，对于功利主义而言，这可以称得上是完美、安全又无比理想的状态了吧！假如有按照功利主义思想编写而成的人工智能，并且将管理社会的任务交付于它，那么人工智能一定会得出结论，认为上述的状况最为理想。我们真的应该对这样的世界予以认可吗？"

"……"

这下连千幸也彻底哑口无言了。

"正义君觉得如何？"

"啊？"

"所有的快乐都被恰当地管束，并恰当地提供给每一个人……你想生活在这样的世界里吗？"

这个问题，让我的脑海里出现了一番诡异的景象。空无一人的暗室里，摆放着大量水槽，插上电极的大脑轻飘飘地浮在水面上。在这番光景里，没有一个人发出声音，全员都平静地沉浸在"真舒服啊"的脑内快感中。

"我不愿意。这样一来，人活着还有什么意义呢？"

这时，泪水从千幸的眼中倏然滴落。我感到很惊讶，迄今为止，我已经见过很多次千幸被伦理驳倒的画面，但哭鼻子还是头一回。

咦？难不成，是我否定了功利主义的缘故吗？对了，回想起来，每当我的发言对功利主义不利时，千幸的反应好像都很强烈——不对，应该是我多虑了。千幸一定是积累了太多情绪，在此刻集中爆发了。认为千幸因我而哭，肯定是自作多情了。

"……"

千幸没有擦拭眼泪，只是无言地哭着。我和自由姐也不知道该如何是好了，只能安静地看着哭泣的千幸。另一方面，伦理则很冷静，不，应该说是一副事不关己的样子，陷入了自我的沉思当中，看上去像在继续深究这个问题。搞不好，她可能根本没有看到千幸的模样。

不过，我觉得伦理的追问确实很高明。归根结底，功利主义的问题就出在这里。第一点，功利主义引导的结论，可能与我们的感性完全相悖。第二点，功利主义还有可能会将这些不符合我们感性的东西，以正义的名义强行施加给我们。这两点就是功利主义的根本问题，只要它们存在，不管今后快乐计算变得多么精密准确，我们恐怕都无法对功利主义表示完全赞同。

"噢，还有……"

伦理像突然想到了什么似的，急忙抬起头来。

"可能你们还不知道，我多说一句，我们学校的全景监控系

统 [1]……边沁既是此系统的命名人，也是其结构的设计者。"

"啊……"

不只是千幸，我和自由姐也一样，对此感到大为震惊。

"你确定……真的吗？……"

千幸好像受到了很大的打击。那当然了。对千幸而言，就好似自己一直以来都坚信不疑的正义力量，现在却发现它的创始人乃是最终 Boss、幕后黑手、万恶之源。

"是的，我们大家，包括千幸，都深恶痛绝的全景监控系统，其'生父'就是边沁。仔细想想也能理解，此系统在功利主义者看来，完全没有反对的理由，反倒应该是积极引入的东西。要说为什么的话……"

"已经够了！"

没等伦理说完，千幸便从学生会办公室夺门而出。伦理茫然失措，数秒之后，又露出一副极其惊讶的表情。直到现在她才明白事态的严重性。

"对不起……我说得太过了……"

伦理用抱歉的眼神看着我。

"那个，正义君，拜托你了。"

没等听完伦理说的这句话，我已经去追赶千幸了。

---

[1] 原文为パノプティコン·システム，译自英文Panopticon System。Panopticon一词通常译为"圆形监狱"或"环形监狱"，是边沁于1785年提出的建筑结构和监控系统。这样的设计使得一个监视者可以监视所有的犯人，而犯人却无法确定他们是否受到监视。

* * *

不一会儿我便追上了千幸。

因为千幸平时说话很活泼，很容易让人产生误解，但其实她并不太擅长运动。说得详细些，她小学时甚至还体弱多病。由于体弱的缘故，她以前性格怯懦呆笨，经常被同班同学欺负。这在今天的千幸身上完全看不出来。

"正义……"

在某个走廊的中间，一个叫不出名字的地方，不知道该去往何处、体力耗尽的千幸，因为疲惫而停了下来，茫然地伫立在那里。苍白的脸，加上哭得红肿的双眼，令我想起了小学时代的她，忽然感到有些难过。

"对不起。"

千幸低着头，温顺地向我致以歉意，看上去好像平静了许多。我舒了一口气。

"大家都在担心你，我们先回去吧。"

我说了句话来安慰千幸。千幸"嗯"地点了点头，于是我们开始并肩前行。从走廊向窗外望去，夜幕虽未降临，但夕阳西下，天空逐渐变得昏暗起来。除了我们之外，周围再无他人。

"感觉，跟从前一样呢。"

千幸突然说道。从前指的是小学时代——我找到因被人欺负而躲起来流泪的千幸，再并肩一起回去，大约是那个时候的事儿吧。

"是吗?"

我的回答略显冷淡,因为我感觉这对千幸是不愉快的回忆。

然而,千幸就这个话题继续说道:

"那个时候的正义,简直就是'正义的使者',感觉很热血呢。"

"可能是天太闷热了吧。"

"才不是呢。你经常帮我,所以我非常感谢你。"

现在这场景,是从小一块儿长大的女生,为了幼时的事情在向我表达感谢之情。本来应该令人感到高兴的,但不巧的是,那时的事情对我而言都是黑历史。

啊,对了。不愿意回忆的人,不是千幸而是我。

"那个时候很奇怪。哎,虽然我的确很喜欢英雄节目,但终究还是受名字的影响吧。我的名字读作'Masayoshi',写作'正义'。年少的我大概因此先入为主地认为,这就是自己的宿命、使命。"

"不过,因为有你,我得到了很多帮助啊!"

不对吧,事实并非如此。

而且……你说话的语气,又变回了以前怯懦的样子。

"但是,我觉得自己给千幸添了很多麻烦。说白了,是我一厢情愿、多管闲事。要是不那么啰嗦,不装出一副'正义的伙伴'的样子来保护你,你受到的伤害可能会小一些。"

没错。当时我认为自己做的是善事。但是,善心不一定会带来善果。

我为了帮助被欺负的千幸挺身而出。

以正义之名。

因为，欺负人是不对的，只要好好讲道理，大家都能够体谅，我是这样认为的。然而事实上，我越是帮助千幸，欺负她的人就越过分，事态也不断升级。为何会如此，当时的我不明白其中的道理。

现如今我明白了。今天还把正义挂在嘴边、对他人的所作所为指指点点的家伙，既啰嗦又令人讨厌。这种家伙说的话，即便有道理，也没有人想要理睬吧。最后，装模作样、自以为是英雄的我干预其中，反倒让欺负千幸的同学心中滋生了更多的不快。到头来，这些不快又都落在千幸身上了。

从这个意义上来说，千幸是受害者。

"所以，抱歉啊，真是对不起。"

虽然如今说这些已经于事无补，但不说的话，我心里过不去。

"正义没有错！"

这声音是从身后传来的。

看了眼右边，没有千幸的身影。我转过身去，发现不知什么时候她停下了脚步。

"我非常开心啊。在得到正义的保护之前，我真的非常孤独，很难熬，甚至已经到了每天都在思考如何去死的地步。但是，和正义相遇之后，我发生了改变。我以前从没想到，这个世界上还有如此正直纯粹的好人。一想到正义是自己的同伴，就会觉得，懦弱的我有了活下去的意义。是正义的'正义'拯救了我呀!"

"你这么说我虽然很高兴……但是从结果上看,我还是做错了。"

因为,谁也没有因此变得幸福。不管怎么说,这是事实。

自我满足的幻想,强加于人的做法——我的正义,不过如此。所以,明白这个道理的我……明白善心不会带来善果的我……决定今后对正义缄口不谈。

"原来……如此。因为产生了坏的结果,所以觉得不好是吧。正义践行了自己所坚信的'正义'行为,但结局并不圆满,所以最终放弃做'正义的伙伴'了。"

"喂,千幸?"

"那么,要是能够找到一定能带来善果的方法的话……让大家都能了解到切实获得幸福的客观标准的话……正义就可以再一次成为'正义的伙伴'了吧?"

……不明所以。不,其实我知道,只是视而不见罢了。现在,我的脑海中浮现出了那个英雄节目的画面。其中有一位英雄——"正义的伙伴",他的搭档,一个好胜活泼的双马尾女生,像极了千幸。

不对,弄反了,应该是千幸像极了她。为什么我迄今为止都对这么明显的事情视而不见,固执地认为与自己无关呢?我的双腿好像在颤抖。

最上千幸——住在我家附近、相识于小学的发小。这个我所熟知的千幸,原本是——说话细声细语、彬彬有礼、梳着长辫子、戴着眼镜、老实怯懦的女生。她如今变成这个性格活泼的女生，是因为……那个契机就是……

"我说，千幸。你成天把幸福指数挂在嘴边，莫非是因为……"

"……"

我的话，让千幸的脸唰地变得通红。面对如此强烈的反应，我一时间失语了。

"……"

"……"

两个人都不知道该说些什么，陷入了尴尬。终于，千幸打破了沉默。

她突然跑了起来，超过了我。在与我擦肩而过之际——

"是的。"

这两个字飘入我耳中。抬头望去，她已经蓦然消失在走廊的拐角处，只剩我一人留在原地。

这算是表白吗？这个念头在我脑中闪过……不对，她并没有说"喜欢我"之类的话啊。我这样想着……但，往往到了这个时候，人都不诚实。话虽如此……果然还是我自作多情了。不过，我能确定的是——现在直接回学生会办公室的话，会有些不妥。

……

在某个走廊的中间，一个叫不出名字的地方。

我陷入了窘境之中，除了伫立着等待夜幕降临，其他什么也做不了。

自由的正义——「自由主义」

第 5 章

　　全景监控系统——这是日本东京首屈一指的名门高校，为了杜绝校园霸凌而引入的一项实验性措施。当时学校引入这项措施时，我还不是学生会会长。那时的我还在念高一，正是一年前的那件事让我们学校成了日本最出名的高中。不过，是负面的非常出名。

　　事情发端于网络。我校有一名学生因不堪霸凌而选择了自杀，他的遗书被传到了网上。霸凌者具体是谁，出于什么目的尚不清楚，但是，遗书中的悲惨内容，极大地震撼了网友们的心灵。

　　恶性且暴力的虐待行为罄竹难书，令网友无法直视。

　　遗书内容长达数页，霸凌的细节中还包含了当事人的真实姓名，只不过书写过于潦草。然而，锁定当事人和学校名并不困难。不久，便有各方人士询问我们学校，此事是否属实。

　　情况属实。不，准确地说，校方并没有如实回答。他们承认的仅仅是"有叫这个名字的学生，也的确自杀了"，而对"因霸凌而自杀"的情况则矢口否认，只回答说"那不是事实"。

"喂？啊……自杀的原因？这个我们不太清楚。估计是因为家庭环境存在问题吧。但是，这涉及个人的隐私……没错，作为校方，我们不便插手……嗯？霸凌吗？不不不，我们其实也考虑到了这个因素，但调查结果显示，并没有反映此类问题的报告。是的，没错——我校不存在霸凌现象。"

危机管理意识低下。听到"网上有遗书"这句话，单凭直觉也应该感到不妙，稳妥起见应当回答"确认之后再回复您"。如果有这点最起码的应对能力，事情也不会闹到不可收拾的地步。然而，接电话的老师却用一如既往的官腔，傲慢地回答道："不存在霸凌现象。"讲出这句老套的官方说辞时，恐怕那位老师万万没有想到对方正在录音吧。

这成了导火索。

网络上群情激愤。"东京名门高中的学生不堪霸凌而自杀""惨不忍睹的遗书""教师们隐瞒真实情况"——网络热搜的条件已完全具备。

于是，这个事件引爆了网络，而且到了空前绝后的程度。

相关信息通过社交软件迅速传播，然后被人写成了网络新闻。网络新闻又引发了更广泛的关注，被人们在社交软件上继续转发……随后，该事件被曝光在了专门报道贪污、谋杀等社会事件的知名新闻网站上，再一次引发了社交软件的转载热潮，从而形成了一个不断扩散的恶性循环。

而后，电视台大型专题节目的报道，成了这个循环的终点。

一连数日，电视上都提到了这所学校的名字。与此同时，校门前簇拥起大批记者，人头攒动，引发了骚乱，这迫使校方不得不采取紧急措施——封锁学校。

最终，校方被迫召开正式的发布会进行公开道歉，校长则引咎辞职。对此，学校负责人承诺，为避免此类事件再次发生，我们将努力实现杜绝校园霸凌的目标。至此，事情才算告一段落……但网友并不买账：校长不过是雇佣来的打工仔罢了，而私立高中的最高管理者——理事长，既没有换人，也没有对该事件承担任何责任。

虽然校长被换，但这所学校腐败的体制并没有得到任何改善。基于这样的现象，网络上甚至还一度出现了"让这所学校关门"的呼声。

当然，网络话题的热度迟早会消退的。那些在网络上群情激愤的人们，会因为下一个热门事件的发生，而赶往新的"火灾现场"，最终他们会把这边的事情忘得一干二净。所以说，比起这些网络骚乱，比起原本就与此事无关的网民，对此事更为恼火的是当地人——正打算明年进入这所高中的学生以及他们的父母。要进入这所对霸凌问题隐瞒不报、缺乏诚信的学校，学生的父母是不会同意的吧。况且，这所学校的学费还高得惊人。

因校园霸凌引发的大骚动，导致了意料之内的结果——第二年填报这所学校志愿的人数出现了断崖式下跌，校方蒙受的损失可谓肉眼可见。该状况如果持续下去的话，不出几年，名校的金字招牌也好，代代相传的校园文化和传统也罢，都将不复存在。

缩小办学规模的命运，如同黑夜里的灯光一样清晰可见。于是，理事长作出了重要决断——搞不好他其实是破罐子破摔。所谓狗急跳墙，说的是，即便是平庸的人，到了绝境也会做出惊人的举动。我校的理事长亦是如此，他下出了一步令人诧异的"妙"棋。

那就是——在校内装设网络摄像头。

换句话说，即引入"全景监控系统"。

* * *

一口气叹罢，我坐到了位置上。伦理课还没有开始。当然，这是因为我今天来得比较早的缘故——有点太早了，教室里一个人影也没有。连习惯提前到教室的副会长伦理都还没来。总之，今天我是最早的。要问为何来得如此之早——是因为我不太想面对千幸。刚一下课我就冲进走廊，径直跑向伦理课的教室……不过，到底还是早得有点夸张了。

……

除自己之外空无一人的教室……连个说话的人也没有，闲得发慌。当我正准备思考该如何打发无聊时间时，忽然感觉有人从背后盯着自己，那"目光"令人发怵。

我回头望去。

应该说，不出我所料，正是"那家伙"。

那家伙名为——"监视君"。

也就是被安装在校园内的"人形网络摄像头"。

网络摄像头，虽然也叫作"实时摄像头"，但用"直播摄像头"的说法会更好理解一些。简单地说，该装置可以把摄像头捕捉到的画面上传到网络上，只要会上网的人，不管是谁，都可以看到我们学校的监控画面——包括此时我一个人在教室里无所事事的样子。啊，对了，我想到了一个更恰当的名字。

说白了，就是"监控器"。

让世界上的所有人都可以通过网络来实时观看的监控器。在安装了这种监控器的学校里上课，多少会让人觉得有些不自在。不过，我们已经习以为常。隐瞒霸凌现象、对其视而不见的学校认为，俗称"全景监控系统"的这套监控系统，是挽回它名誉的好办法。伦理曰，发明"全景监控系统"构造和将它命名为"Panopticon"的人，就是功利主义的鼻祖——边沁。

"哟，来得挺早呢。"

突然，从我的视野盲区传来了打招呼的声音。惊讶之余，我转过头去，来者是自由姐。

还好不是千幸，我松了口气。

"咦？正义君，你的表情好像在说，幸好来的是我不是别人呢！"

敏锐！

"有不想见的人吗？嗯，会是谁呢？"

说罢，自由姐做出一副思索的样子，在我右边的位置上坐了下来。不是左，而是右……千幸坐的位子。好像在说，你的心思都被姐看穿了。

"哦，所以才提前来教室了吗？"

"……没有，不是这个原因。"

虽然已经被自由姐完全看破，但这样让我很尴尬，姑且试着抵抗了一下。

"不过嘛，这步棋下得有点糟糕呀。今天恰好是我来得早，问题还不大……如果'她'来早了，那样的话——"

"啊……"

一不小心发出了声音。这么一说还真是。如果那样的话……教室里空空荡荡的，两人独处……而且，因为座位挨着，根本无处可逃。这完全是事与愿违，与我想要避开她的目的背道而驰。

"啊哈哈哈哈，反应不错嘛，正义君平时看起来都是一副沉思的样子，原来偶尔也会有犯傻的时候。不过，这也许就是你的魅力所在吧。"

说完的瞬间，自由姐挺直了身板，坐得很端正，离我更近了一些。她的胳膊挨到了我的胳膊。

"那个，自由姐，咱们是不是靠得太近了啊！"

千幸虽然也和我靠得很近，但这次不一样。不是近，而是碰到了。是皮肤的接触。

"又没有别人看见，怕什么？"

"不是，你瞧，'监视君'还在呢。"

没错，就连这个瞬间，也能被直播到网上，还不知道将会映入谁的眼帘呢。

"没关系，这点事儿在今天算得了什么呀。在别人看来，也就是融洽、和睦、正常的普通恋人关系吧？谁都会一笑了之的。"

"不，这存在着伦理问题，请你们离远点！"

声音来自另一个盲区。这次不用转头我也知道是伦理。

"诶，为什么呢？只是靠得近了一点，没有什么不妥吧？"

"不可以！"

"咦？等一下，你的意思是，'在作为道德意义的伦理上，有问题'吗？还是'在作为人名的伦理上，有问题'呢？"

啊，的确。伦理的名字就是"伦理"，所以"伦理问题"就有两层含义。

"没听懂你的问题。我想表达的就是字面意思。"

说罢，伦理把我和自由姐强行拉开，然后坐到了她固定的位子上，也就是我的左边。

"诶，这没关系吧，又没给别人造成什么困扰。"

虽然嘴上还在抱怨，但自由姐并没有再次靠近我，所以这个话题暂且告一段落了。接下来，大家都沉默了一会儿。

……

气氛略显尴尬。应该说，是不太习惯的缘故，因为和平常的座次不太一样，感觉有点奇怪。不，应该不是这个原因，之前也没有感到安心过。

"话说，正义君，我进教室之前，你在看什么呀？"

不顾尴尬的气氛，若无其事的自由姐还是用她平日里慵懒的口吻，向我问道。

"是监视君。总感觉有一种被监视的感觉。"

我回答道。

"监视啊，哎，我有时候也能感受到——"自由姐一边说着，一边转过头，看了眼监视君。

监视君是一个穿着黑色学生制服的男生……模样的人偶。这样描述他可能最为贴切——Q 版毛绒玩具，常常出现在电玩城的抓娃娃机里。

顺带一提，这个监视君，看上去平庸无奇，没有比较独特的地方。假如把他放进校园动漫人物中的话，充其量只是一个毫无存在感的路人甲。

唯一一处令人印象深刻的，是他的嘴巴。一般来说做成"▽"的形状就可以了，然而不知道是什么原因嘴巴倒了过来，变成了"△"的形状。因此人偶的表情看上去有点脑残，而且，在"△"的中间还有一个眼珠子似的摄像头。对，金字塔状的三角形，中间安着一个眼睛。此设计应该很符合阴谋论爱好者的胃口，不过据伦理所说，这好像是边沁发明的监控系统的象征性标志。最初的版本是，一个中间画着眼睛的三角形，旁边还写有"慈爱、正义、监视"的字样。

总之，监视君张开的嘴巴中间，有一个摄像头。这些摄像头一直监视着我们日常的校园生活，所以偶尔会感到有一双异样的眼睛正注视着自己。

"让人有一种被盯着的感觉，就是'全景监控系统'的存在目的。可以说完全符合边沁的预想吧。"

伦理盯着监视君，这样说道。

我回想起了今天早上伦理关于"Panopticon"的说明。

* * *

"监狱?"

上学途中,我朝着碰巧在路上遇见的伦理,发出了惊讶的声音。

"监狱……指的是做了违法的事,就会被抓进去的那个……监狱吗?"

"没错。就是那个监狱。Panopticon System 中的 Panopticon,原本就是边沁给他设计的监狱起的名字。"

"监狱……"

晴朗通透的早晨,正值豆蔻年华的两个学生,在上学的路上频频高喊"监狱",似有不妥,于是我重新观察了一下周围的环境。附近是安静的住宅区,四下无人。我便放下戒心,又一次说出了这个词。

"边沁设计的监狱,和普通的监狱有何不同呀?"

听完我的问题后,伦理举起了两根手指。

"不同之处有二。

"第一,有一座监视塔高耸在监狱的中心。

"第二,牢房分布在监视塔的四周,呈包围状。

"总之,简要说就是'中心有一座监视塔的圆形监狱'吧。"

唔,姑且在脑海中模拟出一幅画面吧。我想象自己登上了一座高塔,并环顾四周——360 度无死角的全景,所有牢房都尽收眼底。

"也就是说，为了能轻松监视囚犯而专门设计的监狱，没错吧?"

"说得对。其关键之处，正是中心的那座监视塔。只要将狱警部署在塔的顶端，就可以对所有牢房实行监视，一览无余。"

"嗯……不过总感觉有点微妙。负责监视的狱警貌似很辛苦，因为必须时时刻刻都盯着吧。而且，虽说从高处可以将所有牢房尽收眼底，但人的视野毕竟有限。比如，不能同时兼顾前后或左右。"

一个滑稽的场景出现在我的脑海中。狱警一整日都在塔顶来回巡逻，监视囚犯，而囚犯则在狱警背过身去的时候伺机作恶。

"关于这个问题，边沁其实也有所考虑——在监视塔顶端蒙上遮帘，让囚犯无法看到狱警。也就是说，变成了一种单向观察。狱警可以看到囚犯，而囚犯无法看到狱警。"

这回，我想象自己处于囚犯的立场上。牢房的铁栏外，有一座高耸的塔，无法窥见它的内部情况……但是，有人正透过遮帘目不转睛地监视着自己……这种莫名的感觉总是挥之不去，但又无法确认自己究竟是否正处于狱警的监视之中。

"哇，终日惶恐不安啊!"

"是的。无法安心。而且，一旦出现了这种心理，就再也无法搞小动作了。"

"这……的确如此。囚犯们正是因为觉得不会被狱警察觉，才偷偷地挖地洞，或者欺负同屋的弱者。而当他们意识到'可能有人正看着自己'时，便不会再有胆量做这些了。"

"没错。这个'可能'，就是圆形监狱的精髓所在。只要让他们觉得'可能有人正看着自己'即可，实际上狱警看不看都无所谓。不，不仅如此，甚至说监视塔里空无一人也无妨。"

哈……没有狱警也无妨？

这真的行得通吗？不过转念一想，确实，只要能让囚犯觉得"有可能"，就势必会有效果吧。

"比如，正义君正躺在一个四面都是单向玻璃的房间里……房间外面可能有人，也可能没人……在无法确认的情况下，你会脱光衣服吗？"

"不，我做不到。即使外面一个人也没有，但一想到'可能'有人，我也绝对不敢脱。哎哟，话说边沁的脑袋还真是聪明啊！或者说他准确地抓住了人的心理弱点吧！这样一来狱警负责监视的工作也就轻松了！"

"嗯，是的。从人工费方面考虑也十分合理。边沁认为，圆形监狱是一个非常经济的监狱系统，于是将其作为提高市民幸福度的方案之一提了出来。并且，他还研究了相应的举措，以便将该系统最终导入医院、工厂、学校等场所中。"

原来如此……的确，如果把它作为上班偷懒和职场骚扰的防治措施，感觉会有拔群的效果。

* * *

总而言之，我很好地理解了伦理关于"Panopticon"的说明。

没想到学校的监控系统，原本是为监狱而设计的。

该系统通过给人灌输"可能有人正看着自己"的意识，达到了防治恶行的目的。

如此，我们学校的"全景监控系统"，和边沁设计的圆形监狱别无二致。

我身后的监视君……中的网络摄像头，其所拍摄到的影像，此时此刻正在网络上播放。即便如此，却不一定有人观看。不，大概率是没有人看吧。不会有人无聊到这种地步的……

但是……虽然这么说，也只能推测没人看的可能性更高而已，所以从反面来讲，也就意味着"有人看的可能性仍然存在"。

归根到底还是"可能有人正看着自己"。所以，用伦理的话来说，一般人绝对不会在这里脱光衣服，亦不会对同学进行刁难、欺负。而且，事实上监视君的效果也是非常显著的，至少在我目光所及的范围内，还未曾看到过恃强凌弱的暴力行为，连小打小闹也没有。

我觉得这事本身是好的。这正是我小学时代无比憧憬的理想学校。从此意义上来说，理事长可谓作出了划时代的决定。

边沁曾经在读到与"最大多数人的最大幸福"这句话相关的文章时，高声喊出"尤里卡！"搞不好理事长当时也有相似的举动吧——在得知边沁的"圆形监狱"的时候也惊喜地高呼"我找到了"。

不过，对于理事长力推的全景监控系统，人们最初对它的看法褒贬不一。

为杜绝霸凌现象而设置网络摄像头——在面向社会公布这一决定时，网友们的反应出乎意料地冷淡。

"哇，这是要搞监视社会，反乌托邦啊！"

"过分了。没有人会想在这种学校里读书吧！"

大部分人都持此类意见，而且校方还收到了学生监护人的投诉（这其实可以理解，自己孩子的日常生活被放在网上供人随意观看，没有父母会对此感到高兴吧）。也就是说，在这个时间点上，事态的发展完全出乎了理事长的预料，舆论几乎都持批评态度："被逼上绝路的理事长已经失去了理智，做出了疯狂的举动。"

最终，全景监控系统差评如潮。学校不仅没有因此重获信任，反而被更加否定了。所以，我们学生就天真地以为，不久之后学校就会撤去这些摄像头，只要稍作忍耐即可。

但是，之后的某天发生了一件事情。棒球队的队长把棒球砸向失误的高一新生，并对其进行了怒骂。不巧，这段视频被从网上截取了下来，又一次在社交软件上迅速传播。以前因霸凌问题上过电视的学校……宣称要杜绝霸凌现象的学校……再次出现了霸凌事件。

按道理来说，这件事本该成为压死学校的最后一根稻草。然而，和上次不同，该事件成了学校收获如潮好评的契机。原因在于，校方的处理迅速且公正，毫无破绽。首先，学校官方承认存在霸凌现象，并自觉地将相关影像和录音上传到网络上。然后，将棒球队队长的父母请去学校，直接让他们向被砸学生及父母进行公开道歉，在此基础上还对当事人进行了停课处分。最后，还把当事人书写的反省书隐去双方的真实姓名后发布到了网上。

"神处理！"

至少网友们是这样评价的。

霸凌是坏事，绝对不可以发生在校园中。按道理说，各个学校应更倾向于隐瞒此类事件，不承认其存在。但是，在当时的大环境下，我校反其道而行之，站在"霸凌现象有可能发生"的立场上，制定了"早发现、妥处理"的大方针。这给网友们留下了"诚实、清廉、合理"的印象。

而且，一个月之后——在与我们学校毫无瓜葛的另一所高中里，又出现了学生自杀事件。该学生在参加社团活动过程中，因不堪体罚之苦，最终选择了结束自己的生命。此事件成为新闻之后，我校一度跌入谷底的声誉出现了强势反弹，口碑直线上升。

在电视节目里，自杀学生的父母这样说道：

"如果能和那所学校一样，及时发现霸凌现象，承认其存在并及时地进行处理的话，我家孩子肯定不会自杀的！"

这段话引发了网友们的热议。

"应当在所有学校里都引入此设备，并将其制度化，这样会更好吧。"

"我小时候要是有监视君就好了……"

"免费窥视女高中生的真实日常生活，嘿嘿，哪个网站能看啊？"

"从家庭警备员[1]升级到女高中生监视员。"

这些网络上的评价令理事长备受鼓舞，急不可耐地对全校的全景监控系统进行了加强，又在校园内设置了更多的监视君。然而，作为当事人的我们，态度与当初相比并没有任何变化，依旧冷淡。原因在于我们是被监视的一方。我校的口碑在网上越来越好，而我们受到的监视也随之变得越来越严，完全开心不起来。

于是，当时的学生会，以替全体学生伸张不满为名义，发起了撤除监视君的运动。他们收集了学生会的内部意见，将其总结为一封抗议书。然后以此为依据，在全校集会的场所，勇敢地向校方发起了论战，但是……以惨败收场。甚至可以说是被校方批判得体无完肤，毫无招架之力。辩论的过程大致如下：

学生会："一想到日常生活会通过监控器被直播到网上就无法安心！强烈要求撤除！"

学校："正因为考虑到这个问题，所以我们才使用了学生人偶啊。请不要把监视君当成监控器，而要把他当成你们的同学。如此，就和碰巧有一个同学在教室的角落，茫然地盯着整间教室……没有区别，因此就不会有任何问题，你们也就没有在意其存在的理由。难道说，你会因为想要欺负弱者，而命令其他同学离开教室吗？况且，其他同学有服从你命令的义务吗？如果不是的话，监视君的存在，就相当于一个普通的同学，在教室里、

---

[1] 原文为"自宅警备员"，是对长期闭门不出、蹲在家里的"死肥宅"的戏谑式称呼。

走廊里、操场上，盯着你看，仅此而已。我认为是完全可以接受的！"

学生会："它侵犯了我们的个人隐私！强烈要求撤除！"

学校："为了防止个人隐私泄露，监控视频会抹去其中的声音，并在所有人的脸部打上马赛克。经过如上处理之后，才能上传到网上。如今，无论哪个品牌的数码摄像头都有人脸识别功能，并且具备极高的准确度，这已经是相当普遍的技术了。学校已运用该技术对视频中的人脸进行马赛克处理，如此，人们在视频中就无法识别出具体是哪位学生了。因此可以说，大家的个人隐私得到了充分的保护。而当有人投诉录像中存在暴力行为时，也仅能由校方人员查看没有打码的原始录像。"

学生会："如果按照这个势头，一味增加监视君的数量，最终会因录像过多而造成人手不足，无法进行一一确认，这难道不会导致监控系统形同虚设吗？我们提议应当减少监视君的数量！"

学校："检查录像所花费的人力问题，以后将由人工智能替我们解决。如果录像中存在暴力行为或者歧视性言论，人工智能能够自动检测出来并上报给学校。虽然目前此系统还正在开发中，但大家无须为此担心。"

哎，大概就是这么个情况，学生会的全部提议都被校方顶了回来，毫无作用。总之，校方的回应，概括起来就是这么一句话：

"只要你们不做坏事，就不存在任何问题！"

确实，仔细想想学校说的也没错，只要不对他人拳脚相加，我们正常进行校园学习和生活的话，就不会出现任何问题。不过，一想到自己的举手投足都被监视着，多少还是令人有些不安。但是话又说回来，学校毕竟不是家里，同学的视线、老师的目光……作为公共场所，存在第三者的视线也是理所当然。如此看来，单纯"不想被人看"的理由也就说不过去了。

而且，学校还有撒手锏，那就是：

"不管怎样，总比因霸凌而死人强吧！"

在校方说出这一点后，我们再也无法进行反驳了。因为，假设有两个未来：

1. 拆除监控器，未来本校会出现学生自杀的情况；

2. 继续安装监控器，未来虽然大家心有怨气，但至少不会出现学生自杀的情况。

如果要从中选一个的话，毫无疑问大家都不得不选择第二个。选择第一个相当于说，宁愿让同学去死，也不想自己有一丝一毫的委屈。

总之，虽然监视君多少会给我们带来压抑和痛苦，但与把人逼上绝路的痛苦相比，前者根本不值一提。反过来说，若要扼杀那种逼人自杀的痛苦，那么采用全景监控系统就有立竿见影的效果，全校的幸福度也就切实地提高了。

从功利主义的立场而言，此事乃完美无瑕之正义。

但即便如此，我仍然将全景监控系统视为糟粕。虽然这种做法给我们造成的伤害既没有逻辑性，也无法很好地用语言表达出来，但它像挥之不去的阴霾一样笼罩在我们所有人的心头。

学生会办公室外有一个意见箱，是专门用来收集学生的匿名意见书、投诉书和请愿书的，其中每天都会有很多对全景监控系统表示怀疑、不满的信件。但是，这些信件中很少有理性讨论的文章，大部分都是在单纯而模糊地表达着自己不安的情绪，诸如"令人感到诡异""背脊发凉"等等。

可以理解大家的心情。就连我自己也不能理性地分析，来指出全景监控系统存在何种弊病，或对我们有哪些不利。能说出来的，也只是"被监视的感觉很糟糕"这种直观感受罢了。

如此，也就无法形成讨论，更别说和学校进行有效的交涉了。

顺带一提，我们这届学生会从上届那里接过了"撤除监视君运动"的大旗，将于指定日期在全校学生面前，围绕是否认可全景监控系统的问题，来发表我们的看法。但截至目前，我们还没有搜集到任何能够反对其存在的理论依据，这样下去的话，结论大概率会滑向"认可"，毫无疑问，到时我们将受到全体学生的批判，那么今后学生会的活动也会变得艰难。总而言之，关于这个问题，我们目前可以明确的是，功利主义的逻辑无法否定全景监控系统的合理性。这当然也是情理之中的，因为全景监控系统原本就是从功利主义的思想中演变而来的。

也就是说，平等的正义——这种能让所有人都变幸福的思维方法，无法对全景监控系统表示反对。

不过，既然如此……其他的主义、其他的正义又是如何的呢？

* * *

"那么现在开始上课。今天我们学习与'自由的正义'相关的内容。"

我这才回过神来，抬头一看，风祭老师已经站在讲台上准备上课了，其他同学也都在各自的座位上。看来，我沉浸在思绪中的时间有点长。

和刚才一样，坐在我右边的仍然是自由姐。我心中惦记着千幸，于是环顾四周，发现她此刻正坐在自由姐平时的位置上，也就是教室的后面。看到自己的位置被人抢去，千幸露出一副非常落寞的表情。不过，也可能是我想多了。她大概是因为上次被风祭老师狠批一顿后觉得尴尬，才坐在最后一排吧。

话虽如此，要说跟我完全不相干，恐怕也不合适……毕竟"那件事"发生之后，我明显在躲千幸。

哎，先不说这个了。我还是不太适应自由姐坐在我右边，总有一种违和感。不，比起违和感……应该说是触感。嗯？触感？啊，刚刚自由姐的胳膊明明被伦理拉开了，现在怎么又靠过来了？

"啊，那个，自由姐，靠得太近啦！"

要是被伦理发现的话就糟糕了，于是我小声地提醒了一句。但自由姐调皮地吐出舌头，笑盈盈地说道：

"诶，不要，你右边好不容易空着，我就是看准了这个机会才坐过来的。"

虽然这是只会出现在漫画里的场景，但女主角换成眼前这位美女，就瞬间升华成了赏心悦目的画面。我陶醉般地欣赏着自由姐的颜值，略微有点恍惚，同时注意到了风祭老师正用恶狠狠的目光盯着我们。呃，不不不，老师，你听我解释。我们并没有腻歪在一起，不是，虽然从物理的角度来说，的确是腻歪在一起了，但……

迫于老师的眼神，我立刻挺直身板，一脸严肃地盯着前方，仿佛在说，自由姐的一举一动与我毫无瓜葛。但自由姐对于老师的怒视，只是回以挑衅的眼神……貌似如此。

为何？

话说回来，我是在伦理课上才见到的风祭老师，但身为高年级学生的自由姐，可能早已见过老师了吧。

风祭老师和自由姐的对视持续了数秒。不过，老师很快移开视线，用鼻子哼了一声后，继续上他的课了。

"今天我要讲'自由的正义'的详细内容。如字面所述，它是以维护自由为宗旨的正义，现在一般把这种试图实现正义的思想叫作'自由主义'。因为尊崇自由，即为自由主义。你们可能会觉得，正如字面所述，该主义的主张非常通俗易懂，根本没有解释的必要……其实不然。甚至可以说，自由主义里布满了思维的陷阱，会让初学者陷入混乱之中。比如说，向富裕阶层征收高额的税金，然后分发给不幸的人们……这种做法算是自由主义吗？它是基于尊重自由主义而形成的想法吗？"

咦？在讲功利主义时，这个问题好像也提到过啊。简单说，就是从饱腹的人那里强制征收多余的饭团，然后分发给饥饿的人。这样做的话，全员的幸福度就会提高。这两个事例如出一辙。既然如此，它应该并非自由主义，而是功利主义……

"正确答案是，它属于自由主义。"

啊，这样啊。嗯……我知道，老师为了引起我们的兴趣，故意提出了同样的问题。不过，到底是为什么呢？这明明和功利主义没有区别呀。

"当然，肯定有同学不认同此答案，我能理解你们的想法。向富裕阶层征收更多的税金，说白了，这种行为损害了富人的权利和自由，因此很难让人对它产生'尊崇自由'的印象。"

没错没错，明明就没有把个人自由放在眼里嘛。

"既然如此，为什么还要称其为自由主义呢？那是因为，把富人的钱分配给不幸的人，与'保证不幸的人能够在社会中自由地生存'有着密切的关联。所以，基于上述理由，这种做法属于自由主义。就此意义而言，我们可以认为是建立了一个所谓的福利型社会——征收高额的税金，用以优待老人和病人，这种想法就是在自由主义的思想基础上形成的。"

啊，原来如此。换句话说，一个"想要建设所有人都能够自由平等生活的社会"的主义，就是自由主义。

……

不对啊，这不就是"平等的正义"——功利主义吗？

"但是，另一方面，也有人认为提高税金的行为不可理喻，它不应该以援助弱者为理由，侵害他人的自由和财产。富裕阶层不管多有钱，那也是他们的私有财产。肆意夺取他人的私有财物，然后分配给弱者，无异于偷盗行为，而这可以称作自由主义吗？"

噢，这种把善恶置之度外的观点，感觉与自由主义的思想非常相似。

"怎么样，各位？已经有点混乱了吧？肯定财富的再分配、建立一个优待弱者的福利型社会，这种想法叫自由主义；肯定自由竞争，建立一个弱肉强食的差异型社会，这种想法也叫自由主义……实际上，在政治界也存在类似的情况。明明双方高举的都是自由主义旗帜，但制定的政策千差万别，从而形成了双方相互攻击的局面。这样的例子屡见不鲜。

"所以，初学者很容易迷失在自由主义的入口。比如，你们想学习有关自由主义的知识，便找来某位学者的著作进行阅读，之后又阅读了另一位学者的著作，结果发现两位作者写的内容是相互矛盾的，这种情况是完全有可能发生的。当然，也有先将各类自由主义理论放在一起，再对它们进行介绍的导读书，但书中可能隐藏着使读者混乱的巨大陷阱。"

我懂了。自由主义涉及的范围很广，虽然都叫同一个名字，但内涵有可能完全不同，出现混乱也就不足为奇了。

老师一边说着，一边将两个单词写在了黑板上。

liberalism，libertarianism

"同学们知道这两个词吗？我提示一点，其中一个又被称作 'liberal'，可能你们对这个词更加熟悉。"

啊，没错。liberal 好像在新闻里曾经听到过……哎呀，我也不太明白是什么意思。

"liberalism, libertarianism。两个词都是表达自由主义特定立场的术语，翻译过来都叫'自由主义'，这是因它们的内涵使然——如此划分，初学者可能会对它们造成误解。所以，很多导读书为了清晰地向读者揭示自由主义的全貌，会尝试从 liberalism 和 libertarianism 的区别开始讲起，但这样做只会使其内容晦涩难懂！甚至可以说更难以理解。不过大体上说，刚才我们谈到的，建立一个优待弱者的福利型社会的想法，即 liberalism，而鼓励弱肉强食的自由竞争的想法，就是 libertarianism。实际上，阻碍学习自由主义的最大难关就在于此。这个难关，就是——"

老师突然缄口不言了。在吊足我们的胃口之后，才慎重地说道：

"两者十分相似。"

如果这是为了某个综艺节目的效果，恐怕大家早已乐得直不起腰了。但老师一脸严肃，看来不像是哗众取宠，而是当真如此认为的。

"liberal……libertar……liberal……libertar。你们看，单词的开头非常相似。libertar……liberal……libertar……liberal。如果再多读几遍，可能已经完全搞不明白了。哎，听上去像开玩笑，但请你们仔细设想这两句话：

"'虽然 liberalism 对这些措施表示赞成，libertarianism 却表示反对。'

"'这个政策，不如说是带有 libertarianism 性质的 liberalism。'

"怎么样，各位？自由主义的导读书，通常就是以这种形式将两者放在一起进行对比和说明的。归根结底，它们对初学者来说都是陌生的词语，既不是日常生活中常用的词语，其语感也极其接近，所以很快就会被混淆在一起。"

不，老师，现在我脑子已经是一团糨糊了。就算您现在对我说"如刚才所言，liberalism 和 libertarianism 不一样"，我也有充分的"自信"——相信自己绝对反应不过来。

"第一章了解术语的定义，下一章开始运用这些术语进行深层次的说明——此乃导读书作者的固定套路。但是，如果术语之间太过相似，读者就会弄不清楚。在这种情况下，继续阅读后面的章节，只会徒增读者的痛苦罢了。假如相似的术语只有两个，我们还可以够忍受，那么，都像刚才的 liberalism 可以简称为 liberal 一样，每个术语都有五花八门的别称，大家感觉会如何？"

说罢，老师在黑板上继续补充着。

liberalism，libertarianism，liberal，liberalist，libertarian

哇，liberal 和 libertar 又增加了！面对这些层出不穷的术语，小弟我恐怕只能缴械投降了。

"还没完！"

天呐，还有啊？

"在使用 liberalism 这个术语时，将其含义控制在最小范围内，也就是仅取用它的一个意思的话，那还好说。只要花一些时间来理解这个术语，就没什么问题。

"但实际上，liberalism 在欧洲、美国、日本等国家和地区，有着完全不同的含义。那么会出现这种情况——在阅读某位学者的著作后，你可能会认为，'liberalism 原来是这个意思呀，它的目标是建设福利型社会'，然后觉得自己已经完全理解这个词了。但再翻看另一位学者的著作时，你会发现里面的内容和你之前的理解完全相悖，全部是对福利型社会的否定。究其根本，是因为如果将 liberalism 这个术语放在含有'某个国家'的体系中，其含义就会发生改变。"

……地狱难度！

"刚才忘了补充了，Liberalism 还可以细分为 New Liberalism、Social Liberalism、Neo Liberalism、Modern Liberalism 等等。所以，必须把每一个术语都弄清楚，才能读懂文章。"

……战意全无。话说，能不能别把 New 和 Neo 混在一起啊……

"按道理说，面对初学者，我应当将刚才那些术语背后的历史，以及它们之间的区别缓缓道来。但是，我个人认为初学者不应该在这上面花太多的时间。比起笼统地掌握这些术语及它们的区别，不如抓住其本质……核心……因此，我是不会用这些繁杂的术语跟你们讲自由主义的。说到底，自由主义将什么视为正义？我觉得应当先把这些本质告诉你们。"

说罢，老师拿起粉笔，在黑板上画了起来。

"请大家把那些繁琐的 liberal 和 libertar 先放一边，忘掉刚才我说的那些术语。在我看来，想要理解自由主义，只要弄明白这两点就行了。"

老师画的图示上，写着"强自由主义"和"弱自由主义"两行文字。

嗯？强，弱？和刚才那些术语相比，的确简明易懂了很多。但是，也必须吐槽，这简单得让人感觉有点幼稚。

"'强自由主义'和'弱自由主义'……这是我独创的名词。总之，你们单纯地把自由主义想成有强硬和软弱之分即可。我在课上真正想要讲的是'强自由主义'，因为我认为它才是真正的自由主义。不过现在先把这个问题放一放，让我们先来搞清楚什么是'弱自由主义'。"

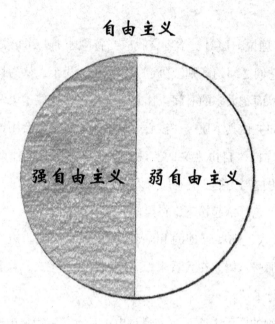

弱自由主义

"假如我们向世界上的每个人都发问：'你是自由主义者吗？'然后将回答'是'的人集中在一个地方。根据这些自由主义者的不同观点——这只是我个人的看法——可以将他们分为'强自由主义者'和'弱自由主义者'两组。

"其中，被分在'弱自由主义者'组的人们，占了自由主义者总人数的绝大部分，而且乍一看，他们好像是一个主张各不相同、没有任何共通性的群体，但实际上他们全员有着一个统一的思想——'自由地生存即人类之幸福，而社会必须尊重个人的自由'。

"这听上去没有任何毛病。但是，作为自由主义思想，必须要说它还是有点'弱'。原因在于，他们将幸福置于自由之上。

"也就是说，'幸福＞自由'。

"如果将他们的思想进行解析的话，这个问题便一目了然。

"1.自由是幸福的必要条件。

"2.那么，让我们尊重自由吧。

"这就是他们的思考逻辑。对他们而言，要在这样的思想基础上选择尊重自由，显然第一优先的并非'自由'，而是'幸福'。

"那么，我们好像在其他地方听说过与之相似的主义……正义君?"

"是功利主义吧!"

我抢着回答道。

"对，就是它。弱自由主义者们所秉持的思想，虽然用的是'自由'这个词，其实质却是功利主义。因为，他们的目的是提高幸福指数，说到底是要'提高世人的幸福度'。所以，对他们而言，自由不过是提高幸福度的工具而已。这也就意味着，如果某种特殊的自由会'导致人们的幸福感降低'，那么他们会毫不犹豫地对其进行限制。在他们看来，人们的幸福才是头等大事，自由只能屈居次席。

"换句话说，'弱自由主义者'们，不过是'披着自由主义外衣的功利主义者'罢了。"

在此之前，每当我听到老师说自由主义的内容时，都会在心理嘀咕"这难道不是功利主义吗?"现在听到老师的这般讲解，顿时感觉豁然开朗。

强自由主义

"接下来，我们谈一谈强自由主义。

"刚才我将主张'幸福＞自由'的人划分为'弱自由主义者'。之所以给他们冠以'弱'的名号，是因为他们最重视幸福，保不准哪一天会因为情况的变化而对自由进行限制。出于这样的理由，我将其思想定义为自由主义中'弱'的一方。

"那么，'弱'的反面，'强'以及'强自由主义'又是什么呢？它指的是弱自由主义的对立面，也就是'自由＞幸福'。在强自由主义者们的眼中，幸福没有那么重要，不对，应该说，他们完全没把幸福当回事。对强自由主义者而言，维护人被赋予的最为基本的权力——'自由'——乃是第一要义，无论他们为此付出什么代价都在所不惜。从这个意义上来说，强自由主义者是非常单纯的。

"'守护自由，不论结果如何，都为正义。践踏自由，不论结果如何，都为罪恶。'

"不管是何种理由、何种结果、何种幸福，都无所谓。在任何情况下，强自由主义者们都单纯、偏执地认为守护自由就是正义，即便有谁会因此遭受不幸也绝不让步。这就是强自由主义。"

强自由主义者对追求自由的执念，已经超乎我的想象。不过，这样真的没问题吗？

一不小心和老师目光交汇了。他的眼神好像在催促我，有问题就赶紧提出来。如老师所愿，我将手举了起来。

"这么一来，人们以自由为理由，进行杀人放火、偷拐抢骗等明显错误的行为，强自由主义者也会对其表示肯定吗?"

"问得很好，正义君。这个问题必然会出现。"

老师一边挠着他的大光头，一边说道。

虽然用眼神进行了"威逼"，但到底还是我主动举手提问的。对此，老师看上去很高兴。

"对于正义君提出的问题，答案是否定的。强自由主义者会将此类不轨行为视作禁止事项、错误事项。其理由如刚才所述，极其简单——'践踏自由，不论结果如何，都为罪恶'。如果是功利主义的话，否定杀人的理由会是，使他人陷入了不幸或产生痛苦之类的吧。但是，强自由主义表示，杀人之所以是罪恶行为，是因为它会夺走他人的自由，会对被害者施加其不愿承受的痛苦。

"所以，关于强自由主义，你们可以把下面这句标语，理解为他们的口号。"

说完之后，老师在黑板上写了一小段文字。

自由地行动吧。不过，要在不侵害他人自由的范围之内。

唔。这正是"只要不给他人带来麻烦，无论做什么都可以"的意思呀。往右边看去，自由姐对此好像没有表现出太大的兴致。相反，她的表情波澜不惊，似乎早已将这句话内化于心了。

"那么，如果被杀是受害者的主动要求，又会如何呢?"

这次提问的是伦理。

"好问题。你想问的是，把不想死的人强行杀害了自不必说，但假如当事人请求你杀死他，应当如何是好呢？关于这个问题，只要遵循强自由主义的定义，答案就显而易见——'可杀，可不杀，自由地决定吧'。"

"呀!"

一不小心叫出了声。万万没想到，居然会在伦理课上领到"杀人许可证"。

"对正义君而言，刚才的这番话似乎过于偏激了。但是，既然对方央求一死，我们就可以认为即便把他杀了，也不会对其自由造成侵害……对了，我们不妨探讨一下安乐死的问题。假如，某人得了重病，无药可救，每天都极度痛苦，说自己想要自杀。那么我们是否应该实现他的愿望？帮助他自杀的人是否应该受到惩罚？"

虽然我不太情愿，但还是把自己想象成了一个病人。

……

相当难受啊……这正是除了绝望之外再没有其他词能够描述的感受。对于疼痛承受能力极弱的我而言，感觉……当真会选择自杀。但即便如此，假如身边的人都不理会我的诉求，将我的身体固定在病床上，强迫我继续生活在无尽的痛苦之中……恐怕我会觉得，我的自由遭到了限制。

……照这样设想的话——在无计可施的情况下，如果本人自愿，那么可以赋予他"死亡的自由""被杀的自由"。因为死亡有时候真的会带给人解脱。既然如此，在这种情况下，如果有人为我的自杀提供了帮助……我不仅不会要求法律对他严惩，反而会对他表示感谢。

然而——

"不对，不是这样的。"

伦理说道。

"我想问的，并非这种特殊情况。"

"哦哦，非常好，非常好。"

老师一脸感慨地点头说道。虽然我不太明白伦理提出异议的原因，也没有了解到她的意图，但老师貌似听懂了她的话。

"哎呀，不好意思不好意思。原来你想问的问题不是像我们刚才所说的，因为不可抗拒的因素主动求死、除此之外别无他法的情况，也就是并非自杀的问题，而是更加愚昧、无意义的情况——关于'保持愚蠢的权利'的问题，对吧？"

"是的。"

"我知道了，那么这样吧。假如，某个每天都快快乐乐的普通人，突然有一天脑子抽了，说自己'好想去死啊'。在这种情况下，是否应该实现他的愿望——这么说可以吗？"

"是的，没错。即便在这种情况下，强自由主义者仍然会坚持认为'此乃个人之自由'吗？"

"答案是肯定的。这个例子的回答和刚才并无两样——'可杀，可不杀，自由地决定吧'。"

啊！虽然并没有再一次叫出声，我心中却受到了一万点冲击。不不不，这不对吧。因为，死得毫无意义啊。无论怎么想都不合适吧。

"对正义君而言，刚才的发言似乎过于偏激了。"

对于我无声的惊讶，老师都看在眼里，于是又一次说出了相同的话。

"大家请注意，我希望你们不要被'杀人也没关系'这种刺激性言语所误导，从而看不清自由主义的本质。当被问到'杀人的是与非'时，人们总是会给出掺杂感性因素的结论，但实际上，它的论点并不在这里。

"强自由主义的真正论点在'愚蠢权的是与非'上。也就是'人类有自发让自己陷入不幸的自由吗？'的问题。当然，强自由主义的回答是'有'。

"这就是将强自由主义与其他自由主义区分开的关键所在，也是影响你们是否能够接纳自由主义的重要因素。在思考这个论点时，请务必把无意义的自杀或自残行为也考虑进去。"

陷入不幸的自由……愚蠢权……虽然我不太了解，但世上好像有一部分人，以被虐待和被伤害为乐，名为受虐狂。我一直都直率地认为，此等行为极其愚蠢、不幸，不是正常人该做的事儿。不过，我虽然这么想，但并不是要"强制命令他人停止此类行为"。因为我自己不喜欢，因为在我看来是不幸的事情，便以此为理由，擅自强迫他人放弃其爱好，这样做恐怕是不对的。

嗯？等一下，如果沿着这个逻辑推理下去，就会得出结论：我不应当阻止那些想要无缘无故自杀的人。因为，无缘无故的自杀，也许只是我的主观判断，对于当事人而言却可能意义重大。

"强自由主义——不，因为彻底、纯粹的自由主义，只存在于强的一方，所以今后把强自由主义直接称为自由主义——它的宗旨是'在不侵害他人自由的范围之内，自由地行动'，因此，不管某人在家里如何残害自己的身体，或是发了疯地想要跳下悬崖，都理所当然地被看作个人的自由而获得默许。

"假如其他人说不能这样，强行给此人灌输他认为'正确'的价值观，从而剥夺此人的自由……那么，自由主义者会单纯地将这类行为视为绑架、暴力、独裁，并定义为'恶'。不过，这样描述可能会遭到自由主义者和相关学者的诟病吧。他们会说，自由主义并非如此极端。

"但，他们错了。

"那是因为他们是弱自由主义者，即功利主义者，他们认为有比自由更需要优先考虑的事物存在。故而他们会产生上述的想法，没有为自由主义殉道的决心。而自由主义的根本立场在于，把人类的自由当作绝对的权力来尊重，此乃正义，且自由的地位远胜于一切事物。"

即便目睹有人发了疯想要跳下悬崖，仍然能坚称"这没关系，是个人的自由！不能强行干涉"的人，才是真正的自由主义者吗？这恐怕需要相当大的觉悟吧。

"补充一点，功利主义者们虽然支持从富裕阶层那里征收更多的税金，用以分发给贫困阶层，换句话说，他们认可'财富再分配'和'福利型社会'，自由主义者却对此类政策表示反对。

比如说，某个人独占了世界上的所有财富，于是政府向此人征收税金并发放出去，很多人因此得救，也获得了幸福。虽然明知如此……但强取他人财富等于是侵害了'人对私有财产的自由支配权'，即是说，此类行为属于强盗行径。所以，自由主义者绝对不会容忍这项政策的实施，他们会表示反对——即使有很多人因此丧命也在所不惜。总而言之，幸福度会增长、很多人会得救，都'不能成为侵害他人自由的理由'。这就是自由主义者的一贯立场。"

而重视幸福的功利主义者，为了让众生获得幸福，会毫不犹豫地践踏自由，采取某些强制性措施。所以，为了饥饿的人而征收饱腹之人的饭团，在他们看来不成问题。另一方面，重视自由的自由主义者，不管是谁，陷入何种不幸的境地，也不容许任何人的自由遭到侵害，因此，就算很多人会因为饥饿而死亡，擅自夺取、分发某人的饭团在他们眼中依旧是偷窃行为，问题很严重。换句话说：

功利主义 → 重视整体的幸福 → 强迫个体

自由主义 → 重视个体的幸福 → 不强迫个体

"是否强迫个体"是分歧点所在，而两个主义各有其清晰明了的观点。

对我而言，至少是现在……应该会投自由主义一票吧。我只是单纯地不喜欢被人强迫。

我正这样想着，左边的伦理举起手来，示意自己有话要说。

伦理身上自有的强大气场在教室里散发开来，令人瑟瑟发抖。嗯？为何啊，明明是一个简单的动作，却让人感到窒息，应该说，有种不祥的预感。我隐约看到怒火正在她双眼中迸发。看来……不，毫无疑问，伦理生气了。理由……嗯，大概能猜到。

"明知眼前的人必定会陷入不幸，却熟视无睹，这种事情在我看来绝非正义。比如，有一个同班同学想要跳轨自杀，而自由主义者却说，死与不死，救与不救，都是个人的自由，怎么样都没关系。我认为这明显不符合道德。"

简言之，就是存在伦理问题。

更重要的是，我们学校就曾发生过这样的事……

"就道德立场而言，理当伸出援手！"

面对怒不可遏的伦理，老师深吸一口气后，缓缓地回答道：

"从直观主义……宗教的正义的角度来说，或许的确如此……但对自由主义来说，该行为并不违反道德。在他们眼中，违反道德的行为是'某人剥夺某人的自由''强行要求别人施以援手'。除此之外的行为都不与道德相悖。救人也好，别的什么也罢，总之，强迫某人做某事的行为，果真能算作正义之举吗？"

"但是……"

伦理毫不示弱。

"我并不是在说，要给某人脖子上套上项圈，逼迫他见义勇为。我想表达的是，'应该去救助那个人'。强迫某人做某事，和要求某人应该做某事，是完全不同的概念。"

"原来如此。但是，如果对方不听从你'应该去救那个人'的要求，该怎么办呢？"

"可以对其进行劝说，直到他理解为止。告诉他，帮助人是正确的行为。"

"如果这也不奏效呢？"

说话的是自由姐。

"像这样，一味地要求他人'应该'做某事，我认为和强制性的暴力行为没有什么区别。"

一针见血的看法。自由姐继续说着。

"小伦理，你会每天都给中了一亿日元彩票的人打电话吗？你会不厌其烦地告诉他：'你应当放弃这些因为走狗屎运而到手的钱，应该用它们来帮助食不果腹、徘徊在生死边缘的人们。应该捐出去……'你会'应该这样，应该那样'地说个不停吗？对于有钱人而言，悉心听取你说的每一句话，会浪费他们的宝贵时间，所以他们是不会耐心听下去的。但是，因为他们的拒绝，你会将他们称作恶人，然后展开新一轮的说教，'应该这样做，应该那样做'，对吗？没有比这更啰嗦、更令人厌烦的事情了吧。而且一般来说，不管你如何'应该，应该'地劝说，会捐钱的人依然会捐钱，不会捐钱的人还是不会捐钱。既然如此，还不如放弃唠唠叨叨的劝说，让他们自由地遵循内心的意愿。"

"那么，假如某个人不知道前面有悬崖，只顾着向前走，或者，某个人不知道毒品有可怕的副作用，正准备给自己注射……面对类似的事情，我们又该怎么做？我认为我们一旦发现这样的行为，就绝对'应该'制止！我甚至认为，目击者如果没能有效制止，而因此造成严重后果的话，追究其责任也无妨。如果，自由姐视若至宝的人正处于这种情况下，目击者明明可以制止，却没有付诸行动……你还能坦然接受现实，心平气和地说出'制止或不制止是个人的自由'吗？我认为，比起追求个人自由，这世上还有更令人敬畏的东西。"

副会长和总务之间的唇枪舌剑骤然而起，令处在夹缝中的我瑟瑟发抖。

不对，老实说，这番景象在学生会办公室里已经见怪不怪了，但现在是上课时间，在众目睽睽之下……不过，此时应当有人出来说两句公道话，以调解双方的矛盾，那当属本学生会会长喽（这也是过去常有的场面），但我可不想卷入她们目前的纷争之中。于是我屏住呼吸，挺直了腰杆，严肃认真地目视前方，极力表现出一副事不关己的样子。然而，这样做却让我正好撞上老师犀利的眼神。

"正义君，你以为如何？"

事与愿违。我刚才的做法竟被误以为"老师请让我来吧"。

"嗯，我觉得……"

此时我的脑中，有一个模棱两可的答案。"的确，强迫别人伸出援手，总感觉哪里不太对劲，但另一方面，救与不救都是个人的自由，一点都不能干涉，这想法似乎也有问题。"我刚准备把这个答案说出来，好渡过眼前这一劫，但是……再仔细想想，这种两边都不得罪的回答好像一次也没有成功过。因为是习以为常的画面，所以我深知，敷衍的回答只会起到火上浇油的作用。既然如此……

"那个……自由主义，如何看待儿童的自由呢？"

既然如此，那就试着改变一下大家的视角吧。当然，这可不是胡说八道。大概……感觉和刚才的问题有很大的关系。

"哟！"

老师发出了极其惊喜的声音。

"真是非常好的发现。确实，自由主义虽然尊重人的自由，但对于儿童或未成年人的行为，他们主张应该对其进行一定程度的限制。不过，这里说的限制，指的是行为而非自由。"

嗯？限制行为，但不限制自由？

什么意思，感觉自由和行为没什么区别啊？

"自由主义认为，限制行为并不等同于限制自由。这么说的根据在哪里？那是因为，他们认为，儿童还'没有自由'。

"假如，现在有两个盒子摆在我们面前。一个盒子里装有糖果，另一个盒子里则装有炸弹，一旦开启就会发生爆炸致人死亡。那么，在你对这两个盒子毫不知情的情况下，有人对你说，这两个盒子你选一个自己喜欢的……这当真算得上'自由的选择'吗？不，我们通常不会把这样的选择称为'自由的选择'。甚至可以说它是不自由的选择。自由主义之所以判定'儿童没有自由'，是因为在他们看来，儿童的行为和这个例子中的作法完全一致。"

这……言之有理。幼儿在高层建筑的窗户边玩耍时，我们——自由主义者也毫无疑问——绝对会制止其行为的，但谁也不会认为这剥夺了儿童的自由。因为，幼儿并不知道其行为有多么危险，会有何种危害，他们并非凭借自我的意志，自由地选择了危险的行动。所以，自由主义才会认为限制幼儿的行为是正确的吧。但是，这样的话……

"那个，认为儿童没有自由，是因为他们没有进行选择的认知能力，没错吧。如果仅在这种情况下，才可以名正言顺地限制其行为的话……那么，不知前方有悬崖、只顾前行的人，以及不知道毒品有危害、正准备给自己注射的人，在某种意义上，我们也可以认为他们和儿童一样，应该对其行为进行限制吧？"

出乎意料的是，这个结论既帮助了伦理，又因没有主张限制自由，而帮到了自由姐。哇哦，尽管只是我一时兴起，但最终对双方都起到了安抚的作用，感觉自己悬着的心总算可以落地了。虽然我得意洋洋地这样想着，但环顾两侧之后，极其遗憾地发现自由姐的脸色并不太好，何止不太好，应该说是极其不悦。

"为了不让儿童做危险的事情，而对他们的行为进行限制，我表示赞同……不过，这种限制要到几岁为止？"

"诶？"

自由姐不是朝着老师，而是看着我的脸说出了这个问题。哎哟，我怎么知道啊……话虽如此，但一般来说，比较妥当应该是20岁[1]，也就是成年之前？或者是18岁？不对，可能也有不设定

---

[1] 日本法定成年年龄原为20岁。2018年3月13日，日本政府内阁会议通过《民法》修正案，将法定成年年龄从20岁调整为18岁。新法于2022年4月1日正式实施。

某个固定年龄，而是以完成学业进入社会的时间为标准。

"不过，几岁都没关系。总之，如果不设定一个标准，明确地规定成人和儿童的分水岭，就会出问题吧。"

"为什么呢？"

老师问道。

"嗯，因为，如果不明确成人和小孩的分水岭，就会出现以'你现在还小，不成熟'为借口，肆意对他人的行为进行干涉限制的情况吧。你无知、无能，所以你不能自由地选择，所以要限制你的行为……诸如此类的情形。如果这成为现实的话，不管自己多么成熟或有主见，可能都会因为这句话而被剥夺自由。如此，我觉得自由完全得不到保障呀。"

唔，老师"嗯"了一声之后，摆出了一副陷入沉思的姿势。

"的确，如你所说。而且，自由主义者也是这样认为的。成人和儿童之间的分水岭在哪里，这本身在自由主义者那里就是最富争议的问题。但不管怎么说，凡是被认定是成人的人，都应当无条件地享有自由，这一点，自由主义者们达成了共识。就算当事人会陷入不幸，亦是如此。因为，如果不承认人的自由——也就是说，如果不给予满足一定条件的人自由的话——就会如刚才这位女同学所说，一些别有用心的人就会编造出各种理由，肆无忌惮地对他人的行为进行限制。"

"但是……"

伦理插嘴说道。

"悬崖和毒品的例子中，人的生命出现了危险，这难道不是和儿童的情况一样，应该予以制止吗?"

"不对，因为，当你说出这句话的时候，或多或少已经包含对自由进行限制的意味了。话说回来，成年之后还在悬崖附近游荡，或试图给自己注射毒品的人……已经不能算是普通的笨蛋了，那么，他最终会招致什么结果，也都是自作自受吧。"

副会长和总务又开始了新一轮的争论。很遗憾，我刚刚的新发现完全没能让这番争论平息。

"笨蛋吗?……的确如此吧。自由主义的问题，最终还是朝这个方向发展了。"

老师对自由姐说出的"笨蛋"一词似乎颇有感触地说。

"请大家思考一下，关于驾驶交通工具时佩戴头盔或系安全带的问题。比如，骑自行车不戴头盔，基本上不会出现意外。因为普通人都以普通的速度，普通地骑着自行车。当某人上街买东西时，本来在一条视野宽阔的平坦公路上，遵守限速规定安稳地骑着车，突然他想到，'这时不戴头盔也没关系吧'，于是按照自己的想法，将头盔摘了下来。人应当有不戴头盔骑车的自由吧。

"然而，由于他的愚蠢——也就是笨蛋无法理性地作出判断，最终因为他的危险行驶，发生了交通事故，再加上没有戴头盔，导致他当场毙命……实际生活中存在着不能进行理性判断或者判断不准确的人。对于这些人，我们希望他们认清'自己没有能力保证百分之百不出事故，所以应当戴好头盔'的事实。

"社会上确实有一部分人属于上述类型，于是国家出台了此项规定。

"'无论如何，所有人在骑车时都必须戴上头盔。'

"毫无疑问，这是强制性的，剥夺了他人的自由行为……"

接着，老师面朝黑板，写下了几行文字：

1. 有自主能力、无危害的人 → 对其放任不管也不会对"他人"的自由造成侵害 → 所以保证其自由。

2. 有危害的人 → 对其放任不管会侵害"他人"的自由 → 所以限制其自由。

3. 无自主能力的人 → 对其放任不管会侵害他"自己"的自由 → （就自己对自己负责的角度而言）保证其自由，还是限制其自由？

"第三点，无自主能力的人、愚蠢的人……瞧，这就是自由主义的关键所在。自由主义如其名称所示，是一个将自由放在第一位考虑的思想观点，对幸福与否并没有多大的兴趣。因此，对于人的行为，他们的争论点不在于该行为是否会带来幸福或者不幸，而在于该行为'是否会侵害人的绝对自由'，从这一点出发来评判其行为的是非得失。当然，自由主义者之中也会有人不接受这种极端的想法。这些人都是弱自由主义者，不在我们目前讨论的范围之内。我也常常在思考，那些并没有将自由主义贯彻到底的家伙，却自称 liberal，真是令人讨厌。这并不是善恶的问题，也不属于历史变迁问题，归根到底，我就是讨厌那些把事物的分类复杂化的人。他们应该自觉、主动地称自己为功利主义者、幸福主义者，把这个本就复杂无比的世界变得简单些!"

老师一脸厌弃地说道。

看样子，老师好像特别讨厌那些把简单问题复杂化的人。

"言归正传。对于我刚才所写的第一点和第二点，自由主义的结论简单明了。保证不侵害他人权利之人的权利，限制侵害他人权利之人的权利。换言之，只要你不侵害他人的自由，我们就不会对你的行为进行干涉，但如果你侵害了他人的自由，我们是绝不会放过你的。

"这两点都是非常合乎逻辑、合乎理性的。

"那么，问题就在于第三点，无自主能力的人——如果对其放任不管，他们自己会阻碍自己的自由。这些人在自由主义者眼中简直是棘手的矛盾体。当然，如果他们凭借自身的意志，主动放弃自己的自由，那就另当别论了，我们可以将其理解为个人的喜好问题，就好比有人喜欢'捆绑游戏'一样。但如果他们不是这样，而是在一无所知的情况下侵害了自己的自由，对于这些人应当如何是好呢?"

"我认为应该对他们进行援助。"

"顺其自然不就好了吗?"

伦理和自由姐不约而同地说道，不过，是两个完全相反的答案。而后，两人都一动不动地盯着对方。率先打破僵局的是自由姐。

"援助具体指的是什么? 为了不让愚蠢的人做出愚蠢的举动而限制其自由——也就是说，要制定相应的法律吗? 那么这就和刚才说的头盔问题没什么两样了，那些不是笨蛋，而且原本与这事儿毫不相干的人，他们的自由也会遭到限制。制定一堆法律去援助不正常的人，从而剥夺大部分正常人的自由，这种做法简直是荒唐至极！所以，不管那些蠢蛋做出什么举动，都应当自己承担责任——放任不管就可以了！"

"但是，这会导致伦理问题。"

"哈？伦理问题？你在说你自己吗？"

自由姐逐渐暴躁起来。咦，我感到有点奇怪。之前自由姐因为限制自由的问题也生过几次气。但即便是生气，她也保持着她的优雅，或者说是教养，不会失态。但现在的自由姐明显和以往不同。她的脸因为亢奋而变得通红，嗓门也大了起来，此番神情竟出现在自由姐脸上，令人难以置信。此刻的伦理应该也察觉到了自由姐的异样……

"但是——"

即便如此，伦理依然反驳道。

"人生并非一条平坦之路。迄今为止都一帆风顺地生活着的人，突然因为意外而丧失了自主能力，之后便意志消沉、自暴自弃，甚至做出伤害自己的行为。你，我，以及我们至亲之人，都有可能沦落到此种地步。因意外成为残疾人，或一时冲动而做出自戕行为的人，抑或是生来就有残障的人，社会规定我们有义务向他们伸出援助之手，这究竟有何不妥？"

"呵呵，政治家跟你想得简直如出一辙。凭什么大家都要费尽周章地去援助弱者，建立一个优待弱者的社会啊？直截了当地说，真的有必要这样做吗？"

"你想表达什么意思？呼吁大家都抛弃弱者吗？"

伦理的眼神忽然变得凌厉起来。大事不妙，如果连伦理都变得亢奋，场面恐怕更加难以收拾。不过话说回来，这个讨论要持续到什么时候，最终能得出一个什么结论啊？

"没错。优胜劣汰，适者生存，这难道不是自然法则吗？"

"但是，这并不单单是能力问题，强者也会因为疾病和意外事故而变成弱者的。"

"运气也是实力的一部分。抓不到猎物的动物，就只能在草原上等着饿死，变成一具干尸。同样，运气不好掉进沼泽地，导致身体无法动弹的动物，等待它的也是死路一条。这有何不妥呢？无能也好，不幸也好，愚蠢也好，懦弱也罢，适应不了环境的家伙只能被淘汰。胜者生存，败者消亡，理所当然。就是因为有人高举一些莫名其妙的伦理观，试图改变、阻挠物竞天择的自然法则，才导致世道变得如此混乱不堪。

"比如老龄化社会。没有任何生产力，而且今后病恹恹的老人会越来越多，他们的医疗费谁来买单？因为老年人是弱势群体，我们有义务帮助他们，所以年轻人就理应把财物都捐赠出去吗？这种以道德为借口，强制年轻人劳动的社会，能称为健全的社会吗？倒不如说，老年人应当为自己没有存够养老金负责。那些生病的老人，没有钱接受医疗救治而死掉，是理所当然的事情，根本不用管他们。这样一来，你想想，社会的年龄结构也会变得更加均衡吧。"

"你说得太过分了!"

"但是,人们在内心深处就是这么想的吧。说实话,我觉得那些弱者、废物、蠢蛋,都从世界上消失了才好呢。就拿小伦理来说,你是不会选择同那些一无是处的废柴男生交往的吧?这样做,和抛弃那些弱者的行为有何区别呢?没有人会选择弱者。秃顶的月光族老师一直找不到老婆,和那些求偶失败、无法将自己基因延续下去的动物没什么两样。"

自由姐,你这句话说得就相当过分了啊!

我很想知道老师会作何反应,但马上就盯着老师看恐怕不太礼貌。于是我装作在看笔记本的样子,把视线放低了一些。对于自由姐反常的举动,教室后方传来一阵惊讶的骚动声。自由姐并没有在意,滔滔不绝地继续着她的发言。

"大家都自由地做自己想做的事,胜者生存,败者消亡。建立一个差异型社会即可。然而,现在有些伪善者却高声叫嚣,想要将差异视作弊端,强行缩小人与人之间的差距,拯救弱者。这就是世界变得不自由、停滞不前的原因。

"所以,归根到底——

"运气差的家伙,无能的家伙,愚蠢的家伙,这些人,统统都——"

终于,自由姐说出了她的结论。

"死了才好呢!"

……

自由姐狂妄的语调、激进的内容,使得教室里鸦雀无声。

这场争论，是从自由主义应当如何对待愚蠢之人开始的。

争论的结果——

自由主义历尽千辛万苦到达的终点——

"愚蠢的人都死了才好！"

可能真的是这样吧。这世上既有聪明人，也有蠢人。蠢笨之人因愚昧而蒙受损失，遭到伤害，沦落到社会的底层。但是，这归根到底是自己的原因，强行填补人与人之间的差距，此类行为在自由主义者眼中是头等大忌——与"财富再分配，强迫他人解囊救助的行为"如出一辙。

所以……我们只能对蠢笨的人置之不理，即便他此时正处于危机之下。这是根据自由主义原则，理性分析得出的结论……

但是……这种做法可以称为正确、正义的吗？

"哈，哈，哈……"

此时，我听到了一阵与眼前的剑拔弩张毫不相称的笑声，极其不合时宜，致使我一开始都没听出来是笑声，而发笑的人竟是风祭老师。

"原来如此……愚蠢的人都死了才好，对吗？"

刚才缄口不言，只是默默听着的风祭老师，此时却露出一副嘲弄轻蔑的表情，肩膀颤抖着笑个不停。随后，老师面朝自由姐，把音量控制在只有前排我们几个才能听到的范围内，继续说道：

"你的意思是，和令尊的下场一样吗？"

自由姐下意识地抄起课桌上的笔记本朝老师扔过去。实际上，自由姐的座位上一个文具都没有，更别说笔记本了。所以，刚刚被扔出去的笔记本是我的……事态变化之快，令我目瞪口呆。教室里陷入了一片混乱。

接着，自由姐起身，朝教室门口走去。我想说些什么，但张开的嘴最终没有发出任何声音。正当我犹豫之际——自由姐已经离开了教室。

第 6 章

扩大差异、排挤弱者可行吗？
——自由主义的问题点

伦理课的翌日。

进入学生会办公室后，我看到了站在黑板前的伦理。黑板上写着一堆硕大的文字——条条款款都是自由主义的问题点。这架势……和讨论功利主义时一样，难道大家又要欢聚一堂、争论不休了吗？唉，老实说，上次的讨论没给我留下任何美好的回忆……

讨论的第一个牺牲者千幸，在我之前就来到了这里。大概是对接下来要发生的事情感到担忧，千幸一脸不安地坐在凳子上。

从那——在走廊的某个地方发生的事情——以后，我俩都觉得有点尴尬，基本上没怎么说过话，但这样下去也不是办法啊。

我和千幸的目光交汇在了一起。我暗下决心，直接坐到了千幸的左边。面对我的意外举动，千幸虽然略显惊讶，但还是朝着我露出了甜甜的笑容。

唔……这笑容，有点可爱啊。而且，令人感到十分舒服。我这样想着，于是也对千幸报以微笑，千幸却唰地一下满脸通红，慌忙把头转回到黑板方向。

这时，自由姐出现了。她哼着小曲，好像昨天的事情全然没有发生过一样，优哉游哉地走了进来。然而在看到黑板的那一刻，自由姐全身瞬间僵滞，如同正在播放的视频被按下了暂停键一样。稍许停顿之后，她轻叹了一口气，说完"行吧，那就讨论一下"，便坐了下来。令我感到安心的是，自由姐恢复了和以往一样优雅得体、怡然自若的举止。

但，伦理的一声响彻教室的咳嗽，打破了我内心的平静。"那么我们开始吧。"正当伦理郑重宣布定期会议开始的时候，自由姐把手举了起来，打断了她。

"在那之前——"

于是，自由姐开始讲述她的往事。

* * *

自由姐。高三。现学生会总务，前学生会副会长。

某财团的千金小姐，留学归来，而且——是个大美女。

如女神一般高不可攀的自由姐，她的过往……比我想象的要平凡得多。名门闺秀的小时候，总是沉浸在无尽的学习中，以培养淑女的举止与气质。不被允许和同龄人玩耍，大好时光都消磨在了各种礼仪的训练上。剥夺自由姐美好童年的，正是她的父亲。在一般的家庭里都是由妈妈负责教育子女，自由姐却由她的父亲一手教导，尤其在学习方面，父亲事必躬亲。这样做也许会给她父亲带来重视子女教育的好名声，对自由姐来说却是极其痛苦的，每天她都被压得喘不过气来。

顺带一提，自由姐给我们看了她小时候的照片，据说是为了不忘初心而随身携带的。照片上的她简直同迷你版的伦理一样，头发又黑又长，刘海修剪得整整齐齐，宛如日式人偶，给人感觉是一个非常温柔的淑女。

那样的她为何变成了今天这副模样——悠闲的姿态，领口大开的校服，以及公然挑战校规的浅色大波浪发型？跟千幸一样，现在的自由姐和儿童时代判若两人。

不过……在这个问题上我好像没有资格说别人。

"我和爸爸大吵了一架。"

自由姐给我们讲述了她 14 岁时发生的一件事。那件事成为她开始改变的契机。

那年，自由姐还是初中生。对于强行给自己灌输各种价值观以及行为礼仪的父亲，她第一次表示了反抗。理由很简单，只是想要自由而已。出乎意料的是，身居海外的母亲在这件事上和她站在了同一边。在母亲的支持下，自由姐出国留学了。于是，她争取到了自己想要的东西。原来如此，自由姐之所以尊重自由，对那些强加给她的事物表示强烈的反抗，是源于她父亲对她的压迫。

然而，从这里开始，自由姐的故事出现了突然的转变。

她的父亲，将手伸向了毒品。

"大概因为被女儿讨厌，给他造成了很大的打击吧——没想到自己苦心栽培的宝贝女儿，竟然主动要求从他身边离开。当然，与商业伙伴之间出现的合作问题也是原因之一吧。所以，因为这些他开始自暴自弃。但即便如此,也是自作孽吧,他竟然沾染毒品。"

接着,自由姐给我们讲述了他父亲染上毒品后堕落成一个废人的经过。口吻如往常一样,轻描淡写,仿佛是在谈论与她毫不相干的事。

但是,即便如此……

她的父亲最后怎么样了呢? 关于这一点,自由姐没有继续说下去。

如今,自由姐的父亲是什么情况? 是正在医院里疗养呢,还是已经恢复正常了呢? ……或者是……

昨天伦理课上的片段闪现在我脑海中。

"愚蠢的人都死了才好"……"和令尊的下场一样吗?"……

从自由姐与风祭老师的交锋来看,应该可以确认,自由姐的父亲已经去世了吧?

……

我们昨天好像在课堂上讨论了应当如何对待那些沾染毒品的笨蛋。所以,此时在这里进行的应该是昨天讨论的延续吧……而且,副会长伦理恐怕会就"自由主义是一个多么反道德的思想"这一问题,展开彻底的论证……不过,在听了自由姐的家事后就马上讨论这个,会不会有一点沉重?

抛弃弱者,笨蛋去死。可能是这些言辞的缘故,伦理的目光和昨天一样,依旧凌厉,甚至摆出了一副势在必得的架势,目的是让自由姐收回昨天的激进言论。

但是……这也许会使自由姐伤心，不对，那可不是"伤心"这种不痛不痒、落俗老套的词能够形容的。显然，讨论这个问题会揭开自由姐以前的伤疤，本人断然不能表示赞同。

"那个……"

我开口说道，大家都把脸转了过来。因为眼看伦理即将掀起对自由姐进行批斗的浪潮，我便急中生智，试图切换话题。

"自由姐和风祭老师是什么关系啊?"

我问了一个极其弱智的问题。不过，只要能改变话题，就算卖个蠢也没关系。面对我突如其来的询问，自由姐露出了惊讶的神色，但不一会儿之后说:

"哦哦，我和老师曾经是恋人关系。"

她说出了这句极具震撼力的回答。

"哇! 恋人……和那个风祭老师?!"

千幸吃惊地问道。不过，千幸，你把"那个"加在老师名字前面，有点不礼貌啊。

"事实就是如此。但是，因为周围的人极力反对，后来还是分手了。"

哇，这样啊。哈! 人不可貌相，哦不，应该说，貌如其心吧? 原来如此，我之前老觉得自由姐有一股成年人的魅力，看来，是因为和成年人谈过恋爱啊。唔，明白了明白了。我一边想着，一边重新打量自由姐，就在此时——

哎哟! !

又吃了一记来自右侧的飞肘。咳咳咳……似曾相识的痛楚。

千幸……看到你又精神起来，我很高兴……而且，很好，计划进行得相当顺利。

"这存在着伦理问题！"

伦理高声说道。但是，语气中并没有她平时的魄力，而是给人一种单纯的甚至有些蠢萌的躁怒感，连声音都跑调了。哈哈……或许对于冷傲的伦理而言，男女之间恋爱的问题是极其棘手的吧。

"哎哟，这又有什么伦理问题呢？"

"呃……"

伦理发出了与她素日举止毫不相符的声音，然后陷入了语塞，额头上也罕见地渗出汗珠。看得出，她的内心十分纠结。

其实，我大概能猜出伦理纠结的缘由。虽说自由姐和风祭老师曾是恋人，但自由姐明明都还没说他们的关系进展到哪一步了，就断定他们的关系有悖伦理，实在是操之过急。当然，也有人认为老师和学生谈恋爱本身就违反了伦理，但如果他们只是柏拉图式恋爱的话，也算是没有跨越底线吧。如果不分青红皂白，将之一概否定，恐怕有些不近情理。

以上内容，也许就是伦理此时此刻的心理活动。

"抱歉……我的观点有些偏颇。这件事不存在伦理问题。"

片刻之后，伦理显露出服软的态度，这可是极其罕见的。果然，一涉及恋爱问题，伦理就失去了平时冷静而理性的逻辑。

哈哈哈，计划进展得非常顺利。但是──

"那么，现在我们就自由主义的问题展开讨论。"

下一个瞬间，伦理已然恢复到往日里心如止水的状态。

我太天真了……本来应该借着这个来之不易的机会趁热打铁，向自由姐提更多的问题，好把谈话内容转变为恋爱咨询或闺蜜闲聊，然后在一片热闹和谐的气氛中结束今天的讨论……

"啊，那个，我还想听一些关于风祭老师的事情呢！"

千幸貌似发现了我心中所想，偷瞄了我一眼之后，提高嗓门说道。不愧是我的发小。不过，你明明应该很讨厌风祭老师才对，现在却为了我说出这种话来，真是太善良了。哇，我对千幸的好感度瞬间暴增。

"砰砰砰"。然而，伦理敲打着课桌。

"恋爱咨询和闺蜜闲聊请在会议后进行，谢谢！"

伦理又切换到了会议模式，面色冷峻地说道。

问题1：拒绝财富再分配导致差异扩大、弱者淘汰

"首先，让我们回顾一下自由主义简单明了的主张——只要不给他人带来危害，就可以为所欲为，仅此而已。值得一提的是，边沁的弟子穆勒在其著作《论自由》中也写过相似的内容，并将之命名为'伤害原则'[1]。"

"咦，小穆勒为何会写这些东西？他不是功利主义者吗？难

---

[1] 译自英文Harm Principle，也叫作"不干涉原则"（Non-interference Principle），由19世纪后半期英国哲学家约翰·穆勒提出，指在社会与个人之间划定边界，这也是合法和非法的边界。

不成他背叛了组织?"

千幸还是老样子,把名垂青史的伟大哲学家当成她的徒弟来看待。

"这一点非常微妙。说穆勒自立门户,抑或是当了叛徒也无妨。虽然穆勒是边沁的弟子,但对于边沁的观点,穆勒并不全部赞同。"

的确,穆勒从正面反驳了边沁通过快乐的量来测算幸福的理论。

"啊,不过,说到自由主义,小穆勒属于弱自由主义者吧?那样的话仍然是功利主义的盟友……"

千幸还是执着于把穆勒拉回功利主义的阵营。伦理陷入沉思。

"穆勒认为,'个人自由'是人获得幸福的条件。就这一点而言,也许可以把他称为弱自由主义者。但是,像刚才我们提到的'伤害原则'之类的带有强自由主义性质的观点,也混杂在其思想中。

"例如,穆勒推导出'伤害原则'的逻辑是:

"1. 民主主义因为根据多数派的喜好而制定法律,所以存在着限制少数派喜好的倾向。可以称之为'多数人的暴政'。

"2. '多数人的暴政'一旦实行,社会就不会允许个人自由地根据自己的喜好追求(幸福)。于是,就应当提倡'伤害原则'。

"3. '伤害原则'是一种治理国家的原则,具体意思是,只要不加害他人,就可以为所欲为,或者我没有加害他人,所以限制我自由的法律就不应当被制定出来。"

原来如此。确实有强自由主义的感觉。从功利主义的角度来说，为了提高全员的幸福度，所以要排除大多数人所不喜欢的东西，而穆勒却反其道而行之，优先考虑个人自由的问题。

"哈，这样啊。那么，这个穆勒，对于笨蛋的自由，作何思考呢?"

自由姐一针见血，直指问题的关键之处。

"对于受教育程度低下、没文化的人，穆勒认为他们不具备自由的权利。除此之外，穆勒还认为，应当禁止经济实力差的人结婚，从懈怠子女教育的父母那里收取罚款，等等。"

"哟，不愧是穆勒。高高在上的精英意识。我必须向他学习。哎，这个暂且不提，总而言之，穆勒貌似不属于强自由主义者吧?"

"是吗?"

"是呀。笨蛋也好，穷人也好，文盲也好，原始人也好，只要生而为人，就应当无条件地保障其自由。这才是强自由主义的观点。"

"的确……这么一说还真是如此。"

"太好了! 那么小穆勒就属于弱自由主义，也就是功利主义阵营了!"

在伦理和自由姐剑拔弩张的关键时刻，千幸居然在旁边松了一口气。唉……多么蠢萌啊，要是讨论能在这里落下帷幕该多好啊。

"那么，究竟强自由主义的什么地方如此不合你心意呢？"

自由姐并没有被千幸带偏，单刀直入地说道。

"直截了当地说，如果形成自由主义至上的社会，人与人之间的差距就会不断扩大，最终会导致更多弱者的死亡。"

"那又如何？死就死了啊。这就是我的回答，怎样？"

"比起弃之不管，让弱者得以存活的社会才更加美好，这一点不容置疑。"

"是吗？为了不让弱者死去，就要肆意掠取、再分配他人的私有财物。这样的社会，我觉得也不怎么样。为了优待弱势群体而践踏其他人的权利——财产所有权，换句话说，也就是——社会将会对偷盗的行为表示支持。"

"照你这么说，弱者即便死了也没关系，对吗？这样只会将弱者逼上绝境，那么他们有可能会反过来报复社会。比如随机杀人或校园枪击等等。"

"咦，什么意思？因为害怕弱者造反，就要给他们钱吗？这无异于向恐怖分子屈膝求和。为了避免杀人事件的发生，就无条件接受对方的要求，向其奉上金银财宝吗？这样做怎么想都不是正义的行为吧？"

"……"

自由姐竟然能令伦理哑口无言，真是厉害。讨论功利主义的时候，因为幸福的定义和计算公式都存在着漏洞，所以槽点满满。与之不同的是，自由主义的逻辑非常清晰，只要不加害他人，自由主义就不能以任何理由剥夺此人的自由。但越是简单的东西，往往就越强大。因此，不管反对者如何批判此观点，指出其存在的问题，他们都会被一句万能的话给驳回——"不，这些问题都不重要，比起这些，我们更应该维护个人的权利。"

"我明白了。那么我们接着讨论下一个问题。"

伦理好像也深知这一点，所以很快结束了对该问题的讨论。

问题2：只对自己负责，个人主义的横行导致道德低下

"假如极端自由主义占据主导地位，抛弃弱者的想法在我们生活中付诸实践的话，人们就会认为，只要自己好，别人怎么样都无所谓，从而导致偏激的个人主义在社会上蔓延。最终会形成一种弱肉强食、毫无同情心的社会吧？"

"什么意思？我不太清楚其中的因果关系。包括日本在内，现在诸多发达国家严格执行财富的再分配，保证弱者的正常生活。假如个人主义仍然大肆蔓延于某国国内，那么该国国民也并非都是有同情心的人吧。这不是恰好能说明，个人主义、同情心与自由主义三者之间没有任何关系，而是人与生俱来的本性问题吗？"

"但是，即便有人陷入困境，我们也没有帮助他的义务，假如这种自由主义发展到极端的话，社会就会变得比现在更加无情，人与人之间的关系也会降至冰点。"

"是吗？如果自由主义得以贯彻，那么弱者就无法获得国家

从富人那里征收的钱财。于是，为了避免自己生病或丧失活动能力，弱者可能会更积极地联络亲友，或与街坊邻里搞好关系。因为如果不维持最低限度的人际关系，他们一旦发生意外就会举步维艰。这么想的话，反而会形成一个珍视人际交往的美好社会呀。然而现在，你看，不结婚、不交友、与邻居交恶、因为怕麻烦便和亲戚断绝关系的，大有人在。最令人作呕的是，国家还要绞尽脑汁防止这些人死亡，协助其苟活于世上——我觉得这样的社会才是病态的，不但助长了偏激的个人主义风气，人与人之间的关系也遭到了漠视。"

"……"

"而且，你还弄错了一点。自由主义只是强调，救与不救乃个人之自由，并非鼓励人们不要去救助弱者。所以，如果一个人既有救助的能力又有救助的意愿，那他按照自己的想法去做就行了啊。我猜测，若是提倡强自由主义，慈善捐赠或帮助弱者的志愿者反而会增加。现如今，虽然国家通过强制征收税金的方式救助了穷人，但富人并没有获得投身于慈善事业的成就感。而当国家或者一般人都不再理会弱者的时候，富人的同情心才会被唤起，意识到'自己必须伸出援手'。同样是救助弱者，我认为后者的做法更自然、健全、富有正义感。"

"我明白了。那么我们进入下一个问题。"

好快！

问题3：当事人的同意导致非道德行为的增加

"器官交易……贩卖人口……卖淫……人吃人。毫无疑问，这些都是非道德的、骇人听闻的行为，不被文明社会所认可……而在自由主义看来，只要双方当事人达成一致，就不会产生任何问题。关于这些问题你怎么看呢？"

"嗯。有何不可呢？双方达成一致了呀。我觉得没有任何问题。"

"原来如此，你还是这样认为吗？……"

"等一下等一下！"

我忍不住喊道。这个问题恐怕不能草草了事。

"呵呵，对正义君而言，刚才的发言似乎过于偏激了。"

自由姐的口吻和风祭老师一模一样。

"但是，你仔细想想。双方都表示同意，不就是没问题吗？"

"哎呀，不对，因为……"

虽然明白自由姐的道理，但从感情上来说我并不认同。为了反驳她，我思索道：

"比如，一个有钱人向一个穷人说：'来来来，我替你照看你的子女，作为回报，你的身体供我解剖。我最喜欢看人痛苦挣扎的表情、血和内脏了。想要钱是吧？那还不赶紧同意我的条件？'"

为了增强我言辞的说服力，我尽量强化了例子的恐怖程度……但到底还是有些拙劣……最后变成了一种不正经的口吻。先不管这些了，我继续说道：

"这种时候，穷人为了自己的孩子，不得不答应富人的要求，全盘接受了富人开出的可怕条件。这究竟是一件好事还是坏事……"

"难道不是好事吗？"

"哈？！"

奇怪。按照我的预期，此时的自由姐应该屈尊就卑，承认她的主张错误才对。

"这根本不是好事呀！因为，穷人并不是因为自己的意愿才作出如上选择，而是迫于经济压力才不得已而为之的。"

"不对，他是按照自己的意愿作出的选择。如果真的不愿意，那拒绝不就好了吗？"

"他除此之外别无选择。"

"并不是那回事吧。他可以选择的路有很多啊。比如，带着孩子远走他乡，在某个地方求助，'我们吃不起饭了，救救孩子吧'，说不定就有好心人慷慨解囊，不是吗？"

"有这么好的事儿吗？"

"你不能否认有这种可能性。"

"那倒是……"

不是绝对不可能。

"是吧，明明就有无数个选项，却偏要出卖自己的肉身……果然还是当事人根据自己的意愿作出的自由选择吧。那么我们就应该尊重他的选择。而且……搞不好'被解剖是我从小到大的梦想'——当事人是持有这种想法的怪人呢。而正义君根据自己的价值观对其做法进行否定，擅自断定此事件骇人听闻，这种行为才是一种压迫、一种暴力，不是吗？"

"唔……"

"你瞧，不久之前，尤其是在基督教文化圈中，很多国家还认为同性恋是一种令人厌恶的行为。而如今，批判同性恋已然被认为是狭隘、歧视、侵害人权的表现。也就是说，人们的价值观是随着时代的变化而变化的。然而，渺小的正义君，却认为自己的价值观无比正确，并欲强加于人——真是大错特错！"

"唔唔……"

"现在，正义君……我重新问你。器官交易……贩卖人口……卖淫……人吃人，再加上同性恋。基于成年人之间达成的共识而进行的此类行为，哪里有问题？"

"唔唔唔唔……"

虽然我想表示认可，但有一种被驳倒的感觉。很强……太强了。强自由主义竟然强到了这个地步……

"别别别，别闷着不说话呀，正义君。我的问题需要得到答案。对，还是不对？作为正义君也好，作为学生会会长也好，麻烦给个明确的答复啊。如果可以的话，希望你把这个答案也发到社交软件上去。"

不仅强硬，而且，还有抖 S[1] 的倾向。这也就意味着，我要二选其一——要么回答"是的，有问题。不管是否达成一致，以

---

[1] 网络流行词，指的是在"虐待"别人的过程中获得快感的人。

上做法都是错的”，要么回答“不，没有问题。只要达成一致，卖淫就是正确的”，并将回答内容发布在社交软件上。那不就完蛋了吗？……我学生会会长的官位，不对，甚至连我的整个校园生活，都会毁于一旦。（快来人帮帮我啊！）

我环视周围，眼中充满着求救的信号，以寻求某个好心人的解救。而此时的千幸则将学生会专用的平板电脑摆在课桌上，拼命地在网上查些什么……不，不对！从她快得不自然的翻页速度，以及机械而僵硬的手指动作来看，她完全没有在查任何东西。可恶！她的样子似乎在说，我现在很忙，没有时间参与你们的争论。

既然如此，我只好朝另一个人——伦理那边看去。注意到我的眼神后，她一脸认真、坚定地点了点头。哇哇哇。作为自由姐相当棘手的对手——和我成为盟友的伦理竟然如此可靠。

“自由姐！”

伦理开口了。

“嗯？”

“自由姐的主张是，器官交易等等，诸如此类不道德的行为，只要是在有着自由意志的个人之间达成了一致，就不存在任何问题，对吗？”

“是的，怎么了？”

“你的亲戚……无可替代的家人……假如这些事发生在你父亲身上，你还能说出同样的话吗？”

自由姐的身体瞬间僵硬，脸上的表情也发生了变化。

呃……不对，伦理你等一下。不能这样说啊。话说回来，原本我费了好大一番工夫，就是为了避免触及这个话题的呀。

自由姐长舒了一口气，然后缓缓地回答道：

"这类事情，与是否发生在我父亲身上，没有特别大的关系。无论其他人做什么，都是他们个人的自由。"

"真的吗？"

然而，伦理并不死心。

"令尊沉溺于毒品，身心都受到了极大的摧残，即便你知道他沦落到了这个地步，也还坚称这是个人的自由……不应当强制他戒毒……你当真这么认为吗？"

"……"

"其实你是想阻止他的……但是，劝阻失败，令尊因吸毒而去世了。你为了让自己接受这一切，于是不断地说服自己'他是自愿走上这条道路的，我对此无可奈何'，对吗？"

"伦理！"

说得也太过分了。我不由得喊出了伦理的名字。

"这是我的私事，你过问得有点多了吧？"

伦理刚才的一番话语，可谓直言不讳啊。按理说，此时的自由姐应该像上次上课那样摔门而去才对。但是，她深吸了一口气，然后缓缓地呼了出来。可能是想借此让自己的内心平静下来吧。谢天谢地，作为高年级的学生、姐姐辈的人物——自由姐在努力让自己保持冷静。

我沉默不语，等待着自由姐的回答。不一会儿，表情恢复正常的自由姐继续说道：

"我说，小伦理呀，我希望你能从理论方面来思考。自己身体的拥有者，毫无疑问是自己吧。因此，每个人都理应具备自由处置自己身体的权利，而且只有本人才拥有这种权利。自己的身体，不对不对，你的身体不属于你自己，而属于你家人，属于生你养你的国家——这类言辞，显然是对人权的侵害，没有道理可言。所以，每个人都应该自由地支配自己的身体和人生，而且必须如此。我认为，这才是人与生俱来的绝对权利。"

也就是所谓的基本人权吧。关于这一点，其他人恐怕没有反驳的空间了。

于是，自由姐用"正因如此"作为开头，继续展开她的论述。

"正因如此，就算是父母子女，也必须尊重当事人凭借自己意志作出的决定。小伦理大概也一样。你父母不问缘由，一味否定你作的决定，对于他们这样的做法，你会从内心感到抵触吧。至少我是这么认为的。"

"那自由姐，如果你决定吸食毒品呢？你的父母，以及在座的各位，也都没有权力阻止，是这个意思吗？"

伦理依旧直言不讳。稍作考虑之后——"嗯，暂且不论我是不是一个具有独立思考能力的成年人，假如我是的话——"自由姐回答道。

"如果我现在决定吸毒，那么我肯定有充分的理由去坚持，因为这是我的自由。同时，旁人或者父母勒令我停止吸毒，这也是他们的自由。而我在听取了这些意见之后，仍然决定继续吸食的话……这个时候，希望大家就不要再干涉我了，而且也不应该再对我说三道四了。"

的确，这是无比正确的理论。人有权过自己想要的生活，不管当事人会因自己的选择遭受何种的不幸，或者在旁人看来，这种选择是多么愚蠢的行为，只要当事人自愿承担该选择带来的一切后果，那么旁人就无法再对其指手画脚了。因为，如果不这样的话……就是无视国家赋予我们的基本人权。

但，但是——

"真的是这样吗？首先，我对于最初的理论部分有不同意见。"

伦理轻描淡写地否定了自由姐的长篇大论。

"诶？不会吧，我自由地处置自己的身体，这可是最基本的人权，你打算如何否定呢？"

"不，我不打算否定这一点。的确，我也认为自己的身体属于自己，每个人都有自由处置自己身体的权利。但是，你有权利处置十年后的自己吗？"

"十年后？"

"比如说，我们假设正义君现在发誓要成为我的奴隶。这是正义君根据他的自由意志所作出的决定。这样决定之后，他与我签下了卖身契，从此便对我言听计从。但是，这对于'十年后的正义君'来说，极有可能是不情愿做的事情。也就是说，十年后的他有可能会后悔，'为什么我当年签了卖身契啊？'此类例子比比皆是，由于自己多年之前的判断失误，导致如今的人生受到了限制和约束，这难道不荒谬吗？"

"嗯，没错……不说十年后，三年后，不，一年以后也有可能。现在的我和以前的我，思维也好价值观也好，都有可能发生翻天覆地的变化，相当于变成了'他人'。但是，现在的我签下某种契约，会对我未来的行动有所限制，这无异于是在提前剥夺'他人'的自由……"

自由姐像在逐一反思自由主义的理论一般，喃喃自语，而后说道：

"行吧，这一点我承认。"

服软之后，自由姐继续说：

"但是，这是理所当然的吧。即使是商业合同，也不会采取'此合同永久有效'的形式，而是'一年一次，重新确认双方的合作意愿，若无异议，本合同继续生效'，大部分合同都会写有如上字样的。"

"是的，没错。未来的自己对于现在的自己而言，是类似于他人的存在，限制其人身自由的选择行为，即便在自由主义者看来也存在问题。"

"嗯嗯。正义君发誓要永远成为小伦理的奴隶，虽然我很想观看那个画面，但从自由主义的角度来看，必须要说这不是一件正确的事。"

"哈！意思是说，如果契约能每年更新一次的话，把正义君收作自己的奴隶也未尝不可？"

千幸插嘴说道。哎哟，你这么兴奋干吗啊！

"那样的话没问题。"

对于千幸的疑问，自由姐竖起大拇指，肯定地回答道。

你们等一下，我的自由意志和人权，难道没人在乎吗？呜呜。

"那么——"

伦理的一句话，打破了刚才其乐融融的氛围。

"吸食毒品是侵害'他人'自由的表现，自由主义不是应该予以否定的吗？"

"啊……"

自由姐噤若寒蝉。的确，从理论来说是这样的。如果将未来的自己视作"他人"的话……剥夺"他人"的自由……比如，导致十年后的自己身患重病或死亡的行为，也就等同于是在剥夺"他人"的人权，这在自由主义者眼中是无论如何都要鄙弃的。

"我们的确有自由生活的权利。但是，即便如此，这世上也存在着'绝对不可染指的事情'，不是吗？"

"……"

自由姐看上去有些自闭了，她恐怕无法接受刚才的结论吧。因为，按照这个理论逻辑，为了避免发生危机，佩戴头盔也好，系安全带也好——这些在自由主义者眼中限制个人自由的行为——都变成了每个人应该履行的义务。

自由姐垂着头，目不转睛地盯着地面，一定在思考如何反驳吧。然而，她的思绪马上被伦理的声音给打断了。

"自由姐，关于这一点，你不需要反驳。为了能从理论上反驳你，我稍微提及了一下此观点，并不是要根据这个来对你提出

异议的。而且……以自由姐的实力，反驳上述观点，应该是易如
反掌的事情吧？！"

"没错，我刚才犹豫的是，应该从哪里进行反驳才好，选择
实在太多了。那好，我们不浪费时间，赶紧做一个了断吧。现
在，小伦理，你要反驳的是什么问题，你的理由是什么？"

"毫无疑问，我想说的，一直都是'不道德的行为因为存在
着伦理问题，所以不正确'这一点。"

伦理果然还是讲"伦理"啊。

"小伦理……我一直以来都有一个疑问。存在伦理问题到底
是什么意思？或者说，你口中的伦理问题指的是什么？"

"这很难用言语来描述，但它又切实存在于每个人的心
中……良知……良心……在我看来，所谓伦理，就是我能感知到
的，没有对他人的肉体与精神造成伤害的行为，是善的行为。"

也就是宗教的正义——正义的判断标准之一——直观主义，
可以说这与副会长伦理的人设别无二致啊。第一次在伦理课上接
触这个术语时，我还不太理解，但听完伦理的一席话之后，我好
像搞清楚了。世间的事物有善恶之分，这种善恶，只能依靠人的
良心进行感知，而良心，往往又是无法捉摸清楚的——这就是所
谓的"不可言说之思维"。但，与其说是思维逻辑，不如说它是
伴随着信仰的"宗教"。正因如此——

"感知善恶的良心。你真的认为它存在于世上吗？"

没有相同信仰的人，恐怕很难理解。

然而，正因如此，有信仰的人——

"我相信它存在，并且我希望自由姐也能相信。"

只能像这样不厌其烦地向对方解释这不可言说的思想。

自由姐轻叹一口气，无可奈何地摇了摇头。

"能相信才怪。而且，我认为自己都没有所谓的良心。"

"不，你有。我坚信，这世上存在着所有人共通的'善之行为'，同时，我相信每个人心中都有能够分辨'善恶'的良心。"

伦理率真坦诚的眼神，直勾勾地盯着自由姐。对此，自由姐的脸上浮现出一副不耐烦的神情，像是在说：

"把相信、坚信之类的话挂在嘴边，搞得像邪教似的。"

自由姐此时肯定是这么想的。

啪！自由姐仿佛想让伦理知道"自己已经不想再继续讨论这个话题了，就此打住"似的，夸张地拍了一下巴掌，说道：

"不对，信与不信都是小伦理的自由，但是，哎，不管怎么说都只是在浪费时间而已。因为，这个问题——这个世界上是否存在着良心，我是否能用它来感知善恶——没有验证的方法。所以，我们就把这个问题……"

但是——

"不，我有！"

伦理断言道。随后，伦理在她的书包里掏出了三个"黑色布袋"，然后递给了我们。

这是三个纯黑色的布袋。什么玩意儿啊？哦，不对，我好像有印象。

"……"

啊啊，想起来了，是那个东西。我曾经在西洋画中看到过……套在即将被执行死刑的囚犯头上的黑布——死刑犯专用的"黑色头套"。

* * *

……

我身处一片漆黑之中，什么也看不见。

嗯，头上罩着黑色头套，当然看不见了。

"怎么样，什么都看不见吧?"

黑暗中传来伦理的声音。

"对，什么都看不见。所以，你想要干吗?"

这是自由姐的声音。

"咦? 正义?"

这是千幸在说话，与此同时，她的双手还在空中乱舞。和我预料的一样，她应该是想趁机偷袭我吧。哼，趁着眼睛什么也看不见，伺机锤我一下，之后再装傻，"诶，怎么了? 我什么也不知道啊"，简直是小学生级别的打闹。我们当中能做出这种无聊之事的家伙，除了她再没有别人，说实话，哥已经看穿了一切。预见此举之后，我便悄悄地往旁边移动了一个身位，现在看来真是做得太对了。

哈，我得意地哼笑着。

"哎哟!"

笑罢，我又听到了双手在空中挥打的声音。千幸肯定是朝着刚才笑声传来的方向空打了一拳……而我，又一次预见到了她的举动，早已转移阵地。

"可恶！"

千幸的声音中充满了不甘。此时的我在极力憋笑。把比自己笨的家伙玩弄于股掌之中的感觉，竟然如此美好。原来如此，这就是精英们每天都在享受的快感吗？

"啊……正义！你不要乱摸！"

"诶？！"

千幸的尖叫，使我不由自主地发出了声音。

下个瞬间，我便意识到自己上当了。还没来得及后悔，千幸的拳头就已经飞到了我的脸上。

疼……可恶，居然用这种招数……虽然这是低级的手段，但我太大意了。

"那边打情骂俏的两人，请适可而止！"

伦理带有怒气的声音传到了我的耳中。不是不是，刚才的博弈怎么会有打情骂俏的成分呢？果然，伦理对于恋爱还是一窍不通。补充一句，伦理没有戴黑色头套，所以我和千幸的一举一动都被她尽收眼底。当然，伦理现在是什么样子，我无从得知，只能根据我、千幸、自由姐三人戴着头套的情况来推测。

"那么，我们现在来进行一个名叫'无知之幕'[1]的思想实验。"

---

[1] 原文为無知のヴェール，译自英文Veil of ignorance，是美国政治哲学家约翰·罗尔斯（John Rawls）在其著作《正义论》中提出的理论，亦可译为"模糊面纱"或"无知的面纱"。

"无知之幕？"

这还是第一次听说。所谓幕，大概指的就是套在我们头上的头套吧。

但是，"无知"是什么意思啊。

"从前，有一个叫罗尔斯的美国政治哲学家。他之所以作为伟大人物被历史铭记，是因为他在美国学术界掀起了有关'正义'的讨论。他的存在极其重要，甚至可以说，如果没有罗尔斯，美国学术界就不会有今天这般热衷于探讨'正义'的热潮。"

哇，这么厉害。美国给我的印象就是一个非常喜欢把正义挂在嘴边的国家，罗尔斯对美国的影响竟然如此深刻。

"原本美国就是一个移民之国，也可以说是一个多民族混杂、多种文化与价值观共存的国家。你们瞧，我们上课的时候不是还学过'人种的沙拉碗'[1]这种说法吗？"

嗯，学过学过。不久之前好像还有别的说法，叫"大熔炉"。不过，如果是熔炉的话，会让人感觉是不同的文化在锅里经过熬制，最终融合在了一起。而事实上，正确的是，不同的文化并没有融合，而是平等地共存，所以才有了新的比喻——"人种的沙拉碗"。印象中社会课的老师就是这么教的。

"就是说，美国文化如同沙拉碗一样，混合在了一起——就好比，莴苣还是莴苣，番茄还是番茄，虽然被搅拌在了一个盘子里，但没有相互交融——那么，一元化的正义也就没有生存的土

---

[1] 原文为サラダボウル，译自英文Salad bowl，原意为沙拉碗，亦是比喻一种多种民族、人种共存的词语。美国社会以及文化常常被形容为"沙拉碗"。

壤。因为，莴苣有莴苣的价值观，番茄有番茄的价值观，它们之间并不存在共通的价值观。然而，罗尔斯却认为，不管多种价值观之间有多深的鸿沟，文化、宗教、人种之间有多大的差异，这世上一定存在着对每个人而言都正确的事物，那就是正义。我已经发现了证明正义存在的方法。"

"诶！"

我发出了惊讶的声音。正义根本不存在，即便有也是极其虚伪的——这是我的座右铭，而且我坚信这是不可动摇的事实。

但是……这世上有正义？

"这个问题写在罗尔斯的名著《正义论》中。在这本书里，出现了证明不以人的意志为转移的正义实际存在于世上的思想实验。"

"你说的是无知之幕吗？"

我抑制住心中涌动的情绪，故作镇静地问道。

"正是如此。因为该实验既新颖又成功，所以引发了讨论'正义'的风潮。现在，在我们进行这个思想实验之前，有一点要叮嘱大家。这个实验需要你们积极地配合，才能得出有效的结果……简单说，就是需要发挥你们的想象力，复杂一点说，是需要各位将自己代入其中。"

"代入？"

"是的。现在请大家回想一下'电车难题'。此时你面前有一辆失去控制的电车，你被要求在'对五个人见死不救和牺牲一个人'之间作出选择。伦理课上老师提到过这个思想实验。"

嗯嗯，就是最有名的思想实验吧。我在脑海中试着想象了一下那个画面。

"在进行这个思想实验的时候，单从理论上对其推理，或者想象自己身处其境并面临抉择，这两种思维方式可能会得出完全不同的答案。"

果真如此吗？来试一试吧。首先，我想象自己并不在现场……从理论上来说，以第三者的视角选择更正确的一方……嗯，没错——为了将牺牲人数降至最少，应该救那五个人——我感觉会得出这个答案。

那么，我再来想象一下自己身临其境……啊，这就难办了。自己就在事发现场，我的面前有一个可以改变电车行经路线的拉杆，而且只有我能操纵它……这意味着，如果我要救下那五个人，就"必须拉动拉杆让电车去碾压另一个无辜的人"。当我面临这个抉择时，当真能绝情地拉动拉杆吗？不，我不会，也不能去拉。为什么？因为这么做相当于亲手杀掉了一个原本与此毫不相干的人……想到这里，我心中泛起一股苦涩的罪恶感。

啊，原来如此，伦理所言不虚，的确会得到不一样的答案。而且，答案之所以会不一样，大概是我内心深处的良知或者伦理观"作祟"的缘故吧。

"关于这一类思想实验，人们往往会直接用理论或抽象逻辑来思考。然而，真正重要的应该是'当自己实际面临这种情况时该如何抉择'。因为，人只有在身临其境、迫不得已的时候，他的良心和伦理观才会从心中涌现，从而作出真正的抉择。

所以……"

"好好好，明白了。事到如今，就全听你的吧。我心中要是真有良心的话，我自己都想好好瞧瞧呢。所以，不管是什么思想实验，我都会切身去想象的。说白了，就是当我在那种情况下，不要把自己当成强自由主义者去作选择，而是要作为一个人，作为我自己，遵从自己的内心选择即可，没错吧。但是，我有个条件……"

"我知道。不管自由姐作何种选择，都是你的真实想法，我应该接受它，不会再提出异议。"

"OK，那我也不啰嗦了。赶紧开始吧！"

"好的。不过，我要再补充一下。请让我向大家说明'无知之幕'到底是一个什么样的思想实验。

"重新说回美国。刚才我们提到，美国是一个由不同民族、不同信仰组成的多民族国家。所以，什么是正确、什么是正义的问题，在这个国家也变得极其复杂。因为，人们会从各自的立场诉说着各自的正义。比如，基督徒从基督教的立场讲述正义，而伊斯兰教徒从伊斯兰教的立场讲述正义。富人们会宣称，为了发展经济，应当对富人予以优待，而穷人则会申诉，为了能够安心生活，应当优待弱者。像这样，不同立场的人们都会提出对自己有利的主张，根本无法达成共识。所以，得出一个世人皆可接受的结论，也就是绝对的正义，简直是天方夜谭。"

我举双手赞成。无论是过去还是现在，我都这么认为。

"然而，罗尔斯提出了将不可能变为可能的高见。那就是，把名为'无知之幕'的魔法道具套在所有人的脑袋上。"

魔法道具？哦哦，因为是思想实验，只是假设某种情况而已，所以一切形式皆有可能。

"无知之幕——这块神奇的布是假想的魔法物品，可以使戴上它的人处在无知的状态下。所谓无知，如字面所述，就是什么都不知道。但是，这里所说的不知道，仅限于与本人相关的信息。"

"呃……那就是说，戴上这块布之后，会对与自己相关的任何事情一无所知。这不就和失忆症一样，连自己姓甚名谁都不知道了吗？"

千幸问道。

"没错。不仅是名字，人种、年龄、性别……与自己相关的一切信息，全部会遗忘。"

"连性别都忘了？哇，感觉像在患了失忆症之后，被人绑起来扔到一片漆黑中似的。"

"对，你形容得很准确。就像是把失忆症患者绑起来关进暗室一样。在这种状态下，你完全没办法知道自己是什么样的人。现在，我们假设将具有如此效果的魔法道具套在所有人的头上，然后把他们聚在一起讨论政治问题。那么，他们会建立一个什么样的社会呢？将哪种法律、哪种规则视为正确的呢？"

我明白了。简单说，这个思想实验是让一群不知道自己是谁的人来主持大局。

"一群对自己一无所知的人，他们针对各种各样的问题举手表决赞成与否，以此来决定应当建立一个什么样的社会。罗尔斯在反复实验多次后得出结论，认为以下两点可以称作真正的公平正义。它们是基本自由原则和差异原则。

"先来说基本自由原则。在基本自由原则下，人们拥有政治自由、言论自由、集会自由、宗教自由、信仰自由等基本权利的最大化。'无知之幕'后的人们是承认这种差异的，自由和尊重是他们探讨公平与正义时能够接受的底线，因为他们不会用基本的自由和得到的尊重去换取经济优势。所以，在这种情况下，他们会赞同优待特定人群的政策吗？或者说，会赞同排挤特定人群的政策吗？如果是正义君，你会怎么做呢？"

"特定人群？"

"比如说，你会支持优待基督教徒同时排挤伊斯兰教徒的政策吗？"

"不，应该不会。因为我不知道自己信仰哪个宗教。如果我选择支持优待基督徒的政策，然而，在该政策生效之后，我取下幕布，却发现自己是伊斯兰教徒。这种事情是完全有可能发生的。"

"没错，必然会如此。只要你不知道自己属于哪个教派、何种文化、什么肤色，就不可能制定出优待或排挤特定教派、特定文化、特定人种的政策。因此，我们可以推测出，戴上无知之幕的人们，一定会选择基本自由原则的。"

原来如此啊。要是按照多数表决的方法，肯定会制定出优待多数派的政策，然而一旦戴上了无知之幕，人们就会作最坏的打算，"要是自己属于被排挤的那一方该如何是好？"于是就会作出上述选择。

"另一个是差异原则，就是一种给予最少受益者最大利益的补偿原则。'无知之幕'后的人们不排斥收入和财富的不平等，但这些不平等必须符合所有人的利益，尤其是处在社会最底层的人民的利益。换言之，差异原则只能存在于那部分获得利益最少的成员中，应用于对他们不公平的经济和社会中。如果我们想象自己身处'无知之幕'后，就能够明白其缘由。正义君，你想通了吗？"

"嗯……我想想。现在我不知道自己是谁。假如我赞成建立一个'差异乃天经地义、弱肉强食的社会'，但当我摘下幕布后，发现自己是一个因事故而丧失劳动能力的残疾人，此时正躺在医院的病床上，因身无分文而得不到救治。考虑到这种可能性，我会想要建立另一种社会，去善待那些因意外或疾病而失去劳动能力的人，从而使他们的基本生活有所保障。那么，相应的经费就从富人那里征收……啊啊，我明白了，所以说在这个意义上，存在差异便成了好事，不存在差异反而不行……"

而且，仔细一想，我也有可能是顶级富豪。因此，我无法在毫不知情的情况下，就贸然支持"为了让全体国民平等而没收一切私有财产"的政策，反而会在一定程度上对富人的财产予以保护。但我也有可能是穷人啊，那么应该选取一个折中的方案……"（因为我有可能是富人）对富人优越的生活予以认可，（我也有可能是倒霉蛋）同时希望底层人士的基本生活得到保障"。所以，最终我会得出如上结论吧。

"对，这正是差异原则。如此，我们先想象自己蒙着无知之幕，然后进行思考，就会推导出基本自由原则和差异原则的合理性……进而推导出它们乃社会之正义。因为，在这个思想实验中，大家完全不清楚'什么对自己有利，什么对自己不利'，换句话说，罗尔斯认为，在假想的完全公平的状态下，人们所作出的选择即为社会之正义。"

"厉害！"

我不由自主地称赞道。罗尔斯给我带来的冲击如此强烈，从而让我发出了心潮澎湃的高呼声。

"哎哟，罗尔斯的思想实验实在是高明！从某种意义上来说，他的结论不就是功利主义和自由主义的完美结合体吗?"

"没错。基本自由原则因为想要保证个人的自由，所以带有自由主义的性质。而差异原则，因为想要拯救不幸的人，所以带有功利主义的性质。"

"嗯。功利主义和自由主义虽然都有可取之处，但到底还是有些极端。说白了，不管什么主义，一旦走向极端就会带来恶果，而要想正确地判断事物，往往需要拒绝极端，采取中庸的立场……通过无知之幕推导出的正义，正是居于两者之间、不偏不倚的正义！"

超快的语速导致我的嘴有些干涩，于是我停了下来。略微调整呼吸之后，我继续说道：

"而且，无知之幕不仅是要让大家变无知这么简单，它还把将来出生的儿童也纳入了考虑范围！"

"儿童？"

"对，你想，儿童并不知道自己将会出生在什么样的环境中。有可能家世显赫，亦有可能家徒四壁；有可能身体健康，亦有可能天生就有残疾。儿童不能选择自己的父母，何时、何地、以什么样的状态出生，他们都毫不知情。所以，为了能够让今后出生的无辜孩子们幸福地生活，我们要建立一个什么样的社会？此问题也存在于无知之幕的思想实验中！"

此外，用轮回转生来举例也不是不可以。我们不知道下辈子自己会以什么样的身体条件出生在何种家庭之中。而且，再仔细琢磨一番，可能还会找到除自由和差异之外的其他原则。

"正义？你突然发什么神经啊？"

千幸满脸惊讶地问道。

啊……我竟然一反常态，因正义的话题而兴奋了起来。

"如同正义君现在的反应一样，罗尔斯的理论的确有一股魔力，会让人产生某种期待，感觉这样思考或许真的能找寻到正义。正因如此，此思想实验一经公开，就在美国掀起了讨论正义的热潮。"

伦理解释道。

完全能够理解。一直以来我都认为，这世上的人形形色色，立场各不相同，不存在对所有人而言都正确的事物。然而，当我听到"只要将各自的立场抛诸脑后，就能推导出全人类共通之正义"的时候，可谓是醍醐灌顶。总之，在我看来，这句话既如童话般浪漫，又带来了切实的希望。

"出于上述原因，所以我想实际做一次这个思想实验。"

"等一下！"

自由姐开口道。

"无知之幕，我明白那是什么东西了。不过，小伦理，我无法变得无知。也许我可以装装样子，但是，当我需要作出判断的时候，我还是会回想起自己的过去，也就是会基于自己的知识和经验来作决定。而且……在无知的假定之下……小伦理要对我提出什么问题，我大概也能够猜到。"

哎，果然还是问那个问题吧……

"再说了，小伦理没有戴头套，可以看见我们的一举一动。在这种不公平的状态下，把我内心深处的想法暴露给你，我可没有这么乖巧听话。"

"知道了……那好，我背过身去。我答应你们，绝对不会转过来看你们的。"

咦？真的不看吗？

"什么意思？小伦理，这也没关系吗？"

"没关系。作为交换，我希望各位能够尽量让自己处于无知的状态，然后回答我的问题。若要表示赞成，请举手示意。"

"是否举手了也不会告诉你哟！"

"那也没关系。"

"不对吧，小伦理，这样没有意义吧？"

的确，毫无意义。

伦理的意思是，让我们做无知之幕的思想实验，而她却不收集实验的结果。那我们做实验的意义在哪里呢？面对自由姐的疑问，伦理坚定地回答道：

"因为我相信。就像千幸和自由姐有自己相信的主义一样，我也有自己相信的主义。也就是，'同样的良心存在于所有人的内心，只要能褪去虚伪，将个人立场抛于脑后，人们一定能够找到共通的正义'。我始终坚信这一点。"

原来如此。对所有人而言都正确的正义，存在于人们心中。那份将正义视为正确的良心，亦存在于人们心中。宗教的正义不是一个要用理性来分析的信念，而是一个要把对它的笃信当作前提的正义观念。

"我希望自由姐能够明白这一点。所以，我才想实际做一次无知之幕的思想实验。"

面对伦理的苦口婆心，自由姐却用冷淡的口吻回答道："啊……抱歉，我不太明白。不过，我虽然无法感同身受，但也明白小伦理想要表达的内容。对小伦理而言，这么做是有意义的对吧？但是，我配合你做这个实验，能得到什么好处呢？"

"包括昨天课上发生的事情在内，我再也不会谈及与之相关的话题。"

"……"

交易筹码里掺杂着些许威胁的意味。伦理貌似已经打定主意，一定要让自由姐参与这个思想实验。

不过说老实话，事到如今，这个思想实验已经吊足了我的胃口。在无知的假定状态下，我究竟会作出何种选择，自己心中又潜伏着什么样的伦理观，我迫切地想要知道。

过了一会儿，自由姐无可奈何地说道：

"我知道了。不过我再叮嘱一句，小伦理，你要记得，绝对不能转过头来偷看。"

"好，我发誓！"

伦理承诺道。伦理的宣誓，意味着这个约定没有被打破的可能了。自由姐也没有再多说什么，表示自己已经知晓。

"那么从现在开始，禁止说话。首先，请大家用 10 分钟的时间放空自己的大脑，不要作任何思考。"

而后，伦理便不再说话。我们三人在完全漆黑的空间中，被死水般的寂静包围着，没有发出一丝一毫的声响。伦理要求我们保持这样的状态，在 10 分钟之内不去思考任何事物。

10 分钟……

如果什么都不做，只是静待分秒流逝，那将是多么漫长的时光啊。不过，在伸手不见五指的头套里，并不存在感知时间变化的参照物。因此，此时的 10 分钟也不再是作为时间单位的 10 分钟。噢，这样不行。我差点被卷入"在无思考无感觉的黑暗空间中时间是什么"这一哲学性思辨的漩涡之中。我必须按照伦理所说的，什么都不去想。

……

……

……

"你的人生，现在结束了。"

突然，伦理的声音响彻四周。

"你的人生，你曾经体验过的世界，只不过是虚拟的现实，一场游戏、一个幻觉而已。此刻，产生出该幻觉的机器，已经关闭。

"关机……删档……销毁。

"世界的一切都化为泡影。

"或许，过去的回忆依然能在你们的脑海中浮现。但，那都是过往云烟，现如今已没有任何意义。

"因为，那一次的人生已经结束。"

伦理的声音既没有抑扬顿挫，也没有情感表露，唯有一股令人生畏的威严在黑暗里不断回响、扩散。也许是陷入异常状态的时间过长的缘故，伦理的声音有着一股无法抗拒的魔力，逐渐将我们拖入了她所描述的状态之中。

"记忆，仅仅是过去，仅仅是记录，仅仅是数据而已。和那一文不值的东西相比，放眼未来才是更重要的。一个全新的游戏、人生，即将拉开帷幕。

"但是，只有在新的人生开始之后，你才能知晓自己的角色。

"可能是大人，亦可能是儿童。

"可能是健康之人，亦可能是卧病不起之躯。

"可能是青年，亦可能是老者。

"可能是腿脚灵便之人，亦可能是善于绘画之人。"

伦理一口气用了大量的"可能"句式。兴许是故意为之，这一连串单调的话语，如同念经似的，不知不觉间令我的大脑逐渐停滞。说到念经，我曾听说《般若心经》[1]就是要世人明白"无"的真义，以此来达到"空"的境界。或许伦理的目的与之并无区别，不断朝我们念诵"可能"，以此将我们引领至某种境界。

对现下的我来说，伦理所说的话就是世界的全部，那个声音告诉我"可能"的一切事物，（因为没有反面的材料和依据）我便觉得可能如此。并且，每当我这样认为时，一个又一个自我——我认为我之所以是我的依据——相继消逝，我与他人之间的界限也逐渐模糊起来。那感觉如同潮水般向我袭来，似恍惚又似恐怖，无比奇妙。

"第一个问题。"

伦理说道。我被吓了一跳，思绪也瞬间停止。而后，我集中所有注意力聆听伦理说的下一句话。

"眼前有一对恩爱的老夫妻正在蹒跚地走着。他们在暖阳高照的天空下谈笑甚欢，不紧不慢地从你面前经过。"

此番情景立刻浮现在我的脑海中。

"那对老夫妻完全无视了'危险！前方悬崖'的警示语——可能因为没有注意到——径直向前走着……你会制止他们吗？"

人的权利如何如何、是否强制等等，这些冠冕堂皇的道理并没有在我的脑海中闪现。相反的是，"想要制止""必须制止"的

---

[1]《般若波罗蜜多心经》也称为《摩诃般若波罗蜜多心经》，简称《般若心经》或《心经》，是般若经系列中一部言简义丰、博大精深、提纲挈领的极为重要的经典，是大乘佛教出家及在家佛教徒日常背诵的佛经。

想法立马涌现了出来。

"会去制止的人请举手。"

我把手举了起来。为了不让其他人因衣服的摩擦声而察觉到我的举动，我尽量放缓了动作。

"下一个问题。"

而后，伦理一个接一个地向我们抛出和刚才相似的"伦理"问题。无一例外，我都举起了手。然后——

"你的父母染上了对身体极其有害的毒品。你会制止他们的行为吗？"

这个关键问题终于出现了。从某种意义上说，前面几个假想问题都在为此问题作铺垫。但是，这个问题又极其寻常、质朴，不需要任何矫饰和伪装。

我举起了手。

"到此结束。请各位摘下头套。"

按照指令，我将头套摘了下来。由于处在黑暗中的时间太久，我几乎忘记了真实的世界竟然如此明亮。此刻窗外射入的阳光令我有些目眩。

朝一旁看去，千幸和自由姐相继摘下了头套，果然也都露出了畏惧阳光的表情。

最后的问题，自由姐到底举手了吗？

做这个实验之前的自由姐，应该会以妨碍他人自由为理由而拒绝举手。但是，在蒙上无知之幕的情况下又会如何，她会发生什么变化吗？

答案无从知晓，我们约好了不再过问此事。但是，与实验前相比，此时自由姐的表情清朗豁达，像是彻底抛下了内心的某种纠葛。我猜，刚才她肯定——

"真是辛苦了。各位，刚才所有的问题，你们都举手了吧？"

伦理的口气极为平静，好像这一切都在她的意料之中。我们三个盯着伦理的后脑勺，哑口无言。没错，遵照约定，伦理没有回头偷看。正因如此，她的背影才能映入我们眼中……咦？这到底是怎么回事？

伦理虽然还是背着身，但像在回答我的问题似的，给我们看了她左手拿着的东西。

啊！

我们恍然大悟，她手里拿着的……是学生会专用的平板电脑！

我和自由姐不约而同地向后方看去——监视君。

确实，这样一来即便不回头看，也可以知晓我们究竟有没有举手。监视君将其捕捉到的学生会办公室内的影像上传到网络，而伦理只需要背过身看平板电脑即可。

"不对不对不对！又不是在比赛谁耍小聪明厉害，你这明显是不守信用吧！"

我率先向伦理发难。

然而——

"你什么意思？我不是按照约定，没有转过去偷看吗？"

伦理面不改色地反问道。无语——

"我没有半句虚言，遵守了承诺。而且这也是事实。正义君，我说得不对吗？"

甚至还咄咄逼人。

"呃……"

没有说谎，没有打破约定，事实如此。这样一想，我反而不知道该如何回答了。

"不对啊，话虽如此……"

正当我磨磨唧唧，没想好该如何组织语言的时候，伦理却抢先说了"没错吧"，而后便倏然起身，快速地朝学生会办公室门口走去。在即将踏出房门的瞬间，她回过头来，扔下了那句我们再熟悉不过的话——

"不存在任何伦理问题。"

她的面庞洋溢着旖旎的微笑。平时都摆着一副扑克脸的伦理，居然露出了如樱花般明媚天真的笑靥。一时间，我竟看呆了。不过，很快便回过神来。

不对不对，肯定有问题！你得到了自己想要的答案，也许很高兴，但在自由姐看来，这无疑是阴招啊——

但是，此时已不见伦理的身影。她像精灵一般消失在了走廊里。

出于担心，我悄悄看了一眼自由姐。不出所料，她神态茫然，呆滞在原地。然而，下一个瞬间，自由姐却把脸埋在桌上，爆发似的开始狂笑。

"啊哈哈，上当了上当了……"

自由姐的样子意外地轻松。我和千幸不知道她是故意逞强还是真情流露，只能待她平静下来。过了一会儿，自由姐趴在桌上开口了。

"抱歉，我其实撒谎了……笨蛋都死了才好？的确，我爸爸是个大笨蛋……但我一点也不希望他离开。这不是理所当然的吗？"

说出最后那句话时，自由姐的声音有些颤抖。然而，她很快抬起头，露出了坦然的笑容，说道："哎……果然，要是当时又哭又闹，拼了命地阻止他该多好啊。"自由姐的眼角泛起了一层薄薄的泪珠，不过我能看出，她的笑容发自肺腑。假如，刚才的思想实验将盘踞在自由姐心中的某种东西——她内心的枷锁卸了下来，让她的心灵重获自由，那也算是收获了一个不错的结果吧。

即便如此，我却不能释怀。

这次，伦理的所作所为，是存在着伦理问题的非正义行为——我如此思忖着。

宗教的正义——「直观主义」

第7章

"现在开始上课。今天我们讲宗教的正义。"

和往常一样，风祭老师的伦理课又开始了。

关于这次的课堂，我有一种非常不好的预感。因为，今天的内容是"宗教的正义"，和伦理有着密切的关联。

千幸是"平等的正义"。

自由姐是"自由的正义"。

回想起来，在与她们的正义相关的课上，都发生了不妙的事情。照此规律，就会很自然地推测出，现在轮到了伦理——牵涉她的某种事件将会发生。

不过——

虽然出了一些事，但也并不是一无所获。的确，千幸、自由姐都因为自己坚信的正义被指出问题，而在短时间内受到了打击。不过从结果来看，我认为她们都以此为契机，收获了某种成长。

实际上，事件之后的她们，在学生会会议上的态度都变得更加柔和，不再那么强硬，对于学校出现的问题也能够随机应变地提出解决方案了。

没错，正因如此，对于当事人始终坚信不疑的正义，旁人应该指出其问题所在或者明确其定义。这虽然可能会对当事人造成一定的伤害和打击，但到底还是有益处的。

但是——

如果当事人是伦理，又会如何呢？当自己坚信的正义被指出问题，自己秉持的主义遭到否定时，伦理能接受这样的事实吗？

伦理的"伦理"遭到否定。这也就意味着，她的生存依据、自我认同遭到了否定。我隐约感觉到，与之前的两人相比，伦理的反应恐怕会更为激烈。

所以说，今天，我有一种极其不好的预感。

"宗教的正义。其实，主张这种正义的人，通常都没有自觉地认识到自己是'宗教性'的。大部分情况下，我们都认为，所谓宗教，指的是对某种神秘力量的信仰。所以，绝大多数人都误以为，只要自己不相信该神秘的力量，就与宗教没有关系。然而，事实并非如此。'宗教性'和信仰神秘力量、加入宗教团体的行为不存在任何关系，完全是两码事。

"那么，'宗教性'到底是什么，应当如何对其进行判断呢？

"我认为，决定'宗教性'的唯一条件，就是'相信世上有超越物质或理性的某种存在'。我们只需要根据这一点就可以判断出某人是否具有'宗教性'。"

老师一边说一边在黑板上画了一个很大的圆。

"我在黑板上画的这个圆框，请你们把它当成一个可以容纳任何事物的无底洞。因为它什么都可以装得下，机会难得，就让我们把地球所在的整个宇宙都放入其中吧。"

老师在黑板上的圆框里补充了"宇宙（物质世界）"这几个字。

"现在，宇宙中的一切都被纳入了这个圆框……这样一来，宇宙内发生的任何事情，以及今后将要发生的任何事情，都属于发生在这个圆框'内部'的事情。"

那当然了。毕竟整个宇宙都在圆框之内呀。

"然后，我们来试想一下人类的思想将会如何。假如有一台随机编写文章的电脑。这台电脑中存有人类所使用的一切语言、标点和文字，而且可以将之任意组合成文章并打印出来。该电脑一旦启动，就会制造出大量没有意义的文章，但如果电脑一直重复工作下去，总有一天会出现有意义的文章。不，也许可以不用那么久，只需要重复几次，就可能碰巧制造出莎士比亚创作的悲剧来。"

这个例子好像在哪里听过。貌似是说，让猫在键盘上乱踩，也可能会打出莎士比亚的名句。虽然我不太清楚莎士比亚的作品有多少，但毕竟它也是由词语组成的，只要不停地尝试将词语组合在一起，总有一天，名言名句必然会被打出来。

"现在，我们将范围扩大。假设这台随机制造文章的电脑可以'无限'地工作下去。于是，包含所有词语组合的文章……数不清的文章会被打出来……我们将这些数量无比庞大的文章也纳入圆框内。"

老师又在圆框里添加了文字——"理性（语言世界）"。

"因此，人类根据自己的思想活动而写成的一切文章，现在都在圆框之内……这样一来，今后不管是什么知识分子，写出了何种著作、论文，创立了何种高论、学说，都不过是圆框内已有文章的翻版而已。"

因为可以无限地生成随机组合的文章……所以，不管是此时此刻陈列在书店里的书籍，抑或是未来会在书店上架的新书，都已经存在于这个圆框之内……这个嘛，嗯，确实是。

"不仅如此。你们此时此刻脑中所想，以及今后将会思考的事物，都包含在由词语组成的文章中，也可以说是圆框内业已存在之物。"

这个范围真是无穷无尽啊。不管发生什么、思考什么，归根到底都是圆框内已有的事物。

"那么，现在有一个问题。善、恶，存在于何处呢，正义君？"

？？？

我不太明白老师的意图。如果所有可能发生之事，能够想到之事，皆在圆框范畴以内的话，那么理所当然——

"在圆框的内部吗？"

我回答道。然而，说罢便感觉我的左侧有一股冰冷的视线，于是悄悄瞟了一眼，发现伦理正目不转睛地盯着我。看来我回答得不对。

"坐在正义君左边的是副会长吗？你觉得如何呢？"

老师转而把问题抛给了伦理。顺便一提，千幸坐在我的右边。自由姐和以往一样，位于教室的大后方。

"是的。善和正义并不是理性能说明的东西。所以，如果它们真的存在，那就不属于圆框之内——而是在圆框的外部。"

"嗯，没错。'宗教的正义'就是如此来把握正义的。"

说完，老师用虚线在圆框的旁边画了一个更小的圆框，并将"善"和"正义"的字样写入其中。

"不过，正义君的答案也没有错。这涉及主义之间的差异问题。

"比如说，在功利主义——全人类的幸福度增加即为正义的思想体系下，快乐是物理现象，即'大脑的状态'，毫无疑问，属于圆框的范畴之内。而且，功利主义的这个理论，亦是文字化的思想行为，当然可以说它在圆框内部了。

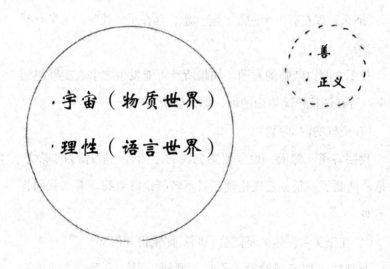

"如此，功利主义的一切理论皆在圆框范围之内，所以我们能够断言，对于信奉功利主义的人来说，'正义'存在于圆框内部。"

原来如此。所以，另一方面，宗教的正义就在"圆框之外"。也就是说，他们认为正义存在于"物质世界"和"语言世界"所不能企及的地方。

"现在，我们来思考一下这个问题：为什么不能杀人？对于这个问题，大家该作何回答呢？举一个例子，'我生活在一个有可能会被他人杀害的社会中，因此整天惴惴不安、无法入睡。于是，社会全员之间制定了禁止杀人的规则'。所以，杀人是不被允许的，有人可能会如此回答吧。这虽说是功利主义式回答，但也是理性思考的结果，无疑是属于圆框内部的回答。当然，除此之外还存在着各式各样的答案。但不管什么答案，只要你是通过理性的'思考'来回答的，它们就无一例外，全部存在于圆框之内。

"那么，信奉'宗教的正义'之人又会如何回答呢？很简单。对他们而言，这既不需要议论，也不需要思考。因为，一旦进行言说或思考行为，便是在圆框内兜圈子。而他们认为正义不存在于圆框之内。所以，上述行为没有任何意义。因此，他们会一言不发，直接将手'指向'圆框之外的正义。然后大概会如此高呼吧：

"'杀人是不对的！违反正义！这种问题不需要思考也能明白！'"

这句台词有种莫名的熟悉感。

——这是不对的！

——为什么不择善而行呢？

——这种事情不需要思考也能明白。

副会长伦理的经典语句在学生会的办公室里回响。

——存在着伦理问题！

每当我听到这些台词时，心里就犯嘀咕——你倒是解释一下呀，"为何，凭什么？"然而，在"宗教的正义"看来，这一切似乎都是不容置疑的正确行为。

"正义君，对于此类表述，你怎么看？"

"呃……我觉得……"

左侧的强大气场让我瞬间有些犹豫，不过太纵容她也不是办法。于是我说出了自己的真实想法。

"其实，如果可以的话，我希望他们能稍微说明一下缘由，尝试着将自己的想法表达出来。要是太过于武断……那个，给人感觉有些自以为是。"

为了说出这些话，我算是破釜沉舟了。

自以为是。

虽然这么说不太客气，但我并非在针对伦理，而是就事论事。不，不对……应该说我是因为上次伦理对自由姐所做的事情感到不满，才说出了刚刚那番话的。虽然那次的结果还不错，解开了自由姐的心结，但也不能否认，伦理的行为很有可能会给自由姐带来巨大的创伤。那个时候我甚至在想"伦理的行为如此不检点，却还要指责他人，她未免也太自以为是了吧！"

我一边愤懑地想着，一边偷偷瞟了一眼伦理。她正怒视着我……的话就好了。相反，伦理的脸上露出了一副既吃惊又失望的神情。

对此，我有些慌张，内心十分不安。可能我说得太过了。但是，眼下也没有哄她开心的机会，除了假装不在意之外，别无他法。

"的确很自以为是。"

老师把我的话复述了一遍。

"但是，这也不能怪他们。因为本来就无法进行说明。"

这个我知道。因为无法用理论逻辑来说服别人，便不得不采取强硬的手段。

但是，比起这些……更出乎意料的是，老师的论述逻辑和伦理的一样，这令我有些动摇。于是，我下意识地说出了自己的想法：

"即便如此，也有必要尽量解释一下吧？不作任何说明，就断言这是对的，那是不对的，这么做感觉还是有很大的问题。"

我回答的语气有些强硬，老师"嗯"了一声后，便摸着自己的大光头陷入了沉思，而后回答道：

"正义君说得很正确。但是，归根到底，这是'无可奈何'之事。无法说明的东西就是无法说明……"

说罢，老师在黑板上写下一个关键词，并将之读了出来：

"休谟法则[1]。"

然后面向我们继续讲解。

"这个哲学术语也可以叫作'休谟的断头台'。此乃哲学家休谟的观点，意思是，永远无法用逻辑方法从存在的事实中推导出道德判断的结论。

"仔细思考便能够理解此观点……我们设想数个'A 是 B'的句子——例如'哺乳动物是用肺呼吸的'之类的句式，然后可以推导出在逻辑上与之匹配的句子——例如'海豚是哺乳动物'。但是，从反面来说，我们能够做的也不过如此。无论你罗列出多少个'A 是 B'的句子，无论你如何苦思冥想，也无法推导出'A 应该做 B'的句式。"

"但是，那个'A 应该做 B'的句式本身是存在于圆框内部的吧？"

"没错，的确存在。但是，如果想要通过理性的思考程序，将'正义'赋予'应该'句式的话，仅凭圆框之内的语句是绝不可能实现的。休谟对此进行了验证，不管罗列堆砌多少个'A 是 B'的句子，终究也无法推导出'A 应该做 B'……这是毫无疑问的。"

不对。话虽如此，但如果真是这样，那么始于功利主义、迄今为止有关正义的一切课程和议论，不就都沦为无用功了吗？

各种理论互相争论从而得出的"正义"。如果要对它进行全

---

[1] 又称休谟公理，是18世纪英国哲学家大卫·休谟（David Hume, 1711—1776）在其著作《人类理解力研究》一书中提出的一条关于理性思维的总原则。

盘否定，并告诉我那不过是镜花水月……感觉有点头晕。我不由得将视线转向了写在圆框之外的文字——"正义"。

"但是，如果不依靠逻辑和理论的话，那信奉'宗教的正义'之人，是如何知晓'正义'的呢?"

"的确，这是个很容易令人产生疑惑的点。如果正义是不可言说的，那你是怎么知道的呢? 实际上，答案很简单。直接'看着'圆框之外的正义即可。这种把握正义的方法，我们称之为'直观主义'。"

老师将刚才所说的术语写在了黑板上。

"直观主义的'直观'……如字面所述，就是'直接观察'的意思。换句话说，不是用感觉，而是用感官直接接受的方式来把握正义的概念。"

直接观察。

直接观察?

不行，完全没有理解。

"那个……我还是不太明白直接观察是什么意思。"

"正义君。"

叫我名字的人是伦理。

"正义君，在你看来，这支笔是什么颜色?"

说完，伦理把她的铅笔伸到了我的眼前。

"呃，红色。"

"正义君，杀人是正确的行为吗?"

"不，是错误的。"

完全没有时间考虑伦理提问的意义何在。我只是在条件反射性地回答问题。

"没错!"

伦理的脸上露出了和驳倒自由姐时一样的笑容。

"这就是所谓的'直观主义'。"

不对不对不对。颜色、味道之类的,知觉意义上的"直观",与用常识作"迅速判断"的道德问题,完全是两码事啊。而且,像电车难题这类复杂的问题,要如何做才能"直观"呢?

"嗯嗯。正义君可能不太理解,但直观主义中'直观'的定义,基本上正如副会长所言。良心健全的人都会秉持的道德观,不经过任何内心活动,直接就能感知到的正确……这就是直观主义的正义。"

老师补充道。不过,即便如此,我也不太能接受。

"但是,我们凭什么说自己感知到的就是正确的,这不是一种妄想吗?……归根到底,圆框之外……理性的外面,真的存在所谓的'正义'吗?"

是的,最近都差一点忘了,我原本是一个认为世上没有正义的"正义怀疑主义者"。

近段时间里,我在风祭老师的伦理课上逐渐找回了往日对正义的兴趣,甚至还在课上积极举手发言。然而,我原本的人设并非如此。

"……"

对于我的提问,伦理露出了一副不可思议的表情。这反应如同听到了"神并不存在"的罗马教皇一样。

"正义君，你的质疑非常棒！"

另一方面，不知为何老师突然兴奋起来，对我的发言赞不绝口。

"没错，就是这个！这就是一切问题的关键所在！可以说，这就是思想史、西方哲学所讨论的最大课题，人类思考了2500余年都不得其解！"

我不过是对直观主义提出了质疑，竟然使老师作出了如此夸张的反应，实在令人有些费解。但老师并没有理会我的诧异，只是转身擦掉了黑板上的所有文字，然后画上了一条笔直的竖线。接着，他将"绝对主义"和"相对主义"分别写在了竖线的左右两侧。

相对主义 VS. 绝对主义

"原本，哲学史课程的常规授课方法，是从古希腊时代开始，按时间顺序详细地介绍每一位代表性哲学家的主要观点……但如果按照这种教法，估计还没讲到一半，你们就会感到枯燥无味。学习历史的第一要务，就是要先大略地把握历史的总体进程。因此，今天我们删繁就简，先把概要给大家快速地梳理一遍。

"而且——这也是学习历史的最终目的——接下来我将要讲解的历史进程当中，隐藏着'不会随着时代变化而变化的人类行为'，换句话说，即'人类普遍的烦恼''恒久的课题'。我希望各位务必认真听讲，发现后及时将其提出来。"

无论什么时代，人类都会烦心的问题吗？……

沧海桑田，时过境迁，唯一不变的是人类的愚行——曾经有一部动画片就以这句格言为开场白。想必历史学就是一门引导我们认识此问题的学问吧……应该说，我希望历史学有这个功能。毫无意义地让我们背诵历史事件和年代，真是无聊透顶。

"现在，我写在黑板上的两个主义，相对主义和绝对主义……这是遥远的古代，大约 2500 年前兴起的哲学思想。如图所示，我将它们写在了竖线的两侧，表明二者之间是一种对立关系。也就是说，两种主义的内容截然相反。

"首先是右边，相对主义。

"该主义的思维方式，即'个体的价值，是由客体和主体共同决定的，具有相对性'。例如，我手里的这支粉笔，是一个'巨大'的物品，还是'短小'的物品呢？因为我两根手指就能轻松地握住它，对我而言可能是一个'短小'之物。但是，对于蚂蚁而言，这根粉笔就是'巨大'的物品。其他的，比如说我现在所处的地球，能称为'巨大'吗？不能，只能说对我而言非常'巨大'，换个角度，比方说太阳，也不过是银河系中的一颗沙砾，微不足道。

"最终，巨大、渺小，灼热、寒冷，善、恶，以及其他一切价值的判断，都没有绝对性，而是由价值主体根据自身与客体的相对关系来判断的。因此，简单说，该观点就是，价值，是由主体和客体共同决定的。"

原来如此。虽然老师的解释非常简单易懂，但这居然是大约2500 年前的话题？当时，科学技术非常落后，几乎所有人都信仰宗教或迷信，带着某种荒谬的主观思想去观察世界，比如古印度人认为是大象在支撑着世界。然而刚刚老师说的那种极其现代的思想，竟然源自那个时代。

"另一方面，与之相对的是绝对主义。

"与相对主义不同的是，该主义把事物绝对化，认为一切事物都是从来如此、永远如此，只承认绝对性，否认相对性。绝对主义的倡导者中，就有大名鼎鼎的苏格拉底。"

苏格拉底。

连哲学知识为零的我，也听过这个名字。说到哲学家，第一个想到的就是他。

"在苏格拉底生活的时代，相对主义占据了优势。也就是说，正义会根据主体或客体的不同而变化，因此并不存在绝对的正义，这类思想在当时相当盛行。然而苏格拉底却强调探求普遍的绝对的善的概念，把握概念的真知识。他建立了一个'美德即知识'的伦理思想体系，其中心是探讨人生的目的和美德。然而这在当时的舆论风评看来，不过是沉闷无味的说教罢了。最终，他被不公正地判处了死刑。"

死刑……因为劝人向善，而遭到厌恶并被处死了吗？真是令人同情啊……

原子论VS. 理念论

"在那之后，随着时间的流逝，又出现了新的对立——原子论和理念论。所谓原子论，即世间万物由原子构成，原子是不可再分的物质微粒。事物的产生就是原子的结合。原子分离，物体便归于消亡。

"原子论，也可以称为朴素唯物主义。换言之，该观点认为，世界是由物质构成的，既没有形而上者，也没有形而下者。当然，照此推论，善与正义在本质上并不存在。比如，大家想象一下玩具车，或者是嵌有齿轮的机器人。这些东西，都不过是物质的集合而已，只能按照物理法则机械地运动，无法将'善恶'的概念付诸它们的运动之中。因为，物理法则中无所谓善与恶。再比如，没有人会议论，苹果因重力而落下是'好事'还是'坏事'。所以，就像我们不能说'盐溶于水乃正义之善事'一样，包括人在内的森罗万象，都是物理规则束缚下的微粒集合体，与机械装置没有什么区别。既然如此，那么'善'与'恶'的概念便无法成立。补充一句，原子论和刚才的相对主义，几乎是在同一时间兴起的。在那个没有显微镜、化学知识也极其匮乏的时代，居然能孕育出唯物主义的世界观，实在是令人惊叹！"

这还真是。假如我生在那个时代，也会有同样的想法吗？世界也好人也罢，都是由机械般运作的微粒所组成——非常直白的思想。相对主义亦是如此，在遥远的古代，就有人以冷峻的目光审视着世间万物，想想就觉得吃惊。

"另一方面，与之相对立的是，苏格拉底的弟子柏拉图[1]主张的理念论。所谓理念，即 idea，也就是概念——简单说，该思想认为，善或正义之类的概念（理念）是独立于物质世界的存在，是永恒不变的，只可见其外在表现，而其实质是不可言说的。"

物质世界之外？

瞬间，满屏的"？"淹没了我的大脑。然而，随着我回忆起刚才老师在黑板上画的圆框，以及圆框"外部"的概念，这些疑问又瞬间消解了。

简言之，此观点就是要告诉大家，在现实之外，还有着一个超越物质和理性的世界，"善"和"正义"就存在于那个世界的某处。

唔……嗯……但是，这么一来……

"哎哟，正义君，从你的表情来看，好像对刚才的观点不太认可啊！"

"啊，不是，我总觉得，搬出一个虚无缥缈的世界，说那个地方存在着正义，这谁也没办法去验证呀……"

"的确如此。你的怀疑是正确的。这就好比说在物质世界之外还有冥界，那里有幽灵鬼怪一样。"

"这个叫柏拉图的人，明明没有亲眼见过，为什么还要坚称那种东西存在于世上呢？"

"他的理论是这样的：例如我们在现实世界中没有见过完美

---

[1] 柏拉图（Plato，公元前427—公元前347），古希腊伟大的哲学家，也是整个西方文化中最伟大的哲学家和思想家之一，著有《对话录》《理想国》等。

的善，而且我们也知道，根据国家或风俗的不同，判断善的标准会有所不同。事实上，手刃仇人在某些国家被当作善举，而在另一些国家则是犯罪。

"也就是说，任何人都能接受的、放之四海皆准的、绝对善的行为，并不存在于我们的生活中。

"但另一方面，这并不妨碍我们和他人谈论绝对的善。

"比如，'说真的，善到底是什么？'我们可以对完美无瑕的善进行讨论。但是，我们为何要去讨论那个既没看过也没摸过、一辈子都没遇见过的善呢？这令人感到不可思议。也许善存在于非现实世界的某处，并且正以某种方式影响着我们……大概就是这么一个逻辑吧。"

什么呀，这不就是一个又一个假设所堆积起来的梦话吗？

"你还是一脸不太信服的表情呀！这样吧，现在我们换一种说法。正义君，你知道三角形内角和定理吗？"

"呃……好像是，三角形三个内角之和等于180°，对吧？"

"没错。那么，正义君，这个定理……也就是，这个公式，你觉得即便人不存在，也不会影响它的成立吗？"

"这个，当然了。不管世上有没有人，只要是三角形，这个定理就必然成立。"

"换言之，三角形内角和定理，在地球生成之前就已经存在了。甚至还可以说，从宇宙生成的瞬间开始，便有了三角形内角和定理。可以这样说吗？"

"因为与人是否存在无关，这个定理从一开始就已经有了。

所以,说得极端一点,的确如此。"

"那么我问你:这个三角形内角和定理本身,存在于什么地方呢?"

"诶?什么地方?"

理屈词穷的我,将问题重复了一遍。

仔细一想,三角形内角和定理毫无疑问是存在的,但是,它又是不可见、不可触之物,并不能作为物质存在于这个世界上。当然也很难说它"不存在"。那么……

"数学界……之类的?"

走投无路的我说出了一个滑稽的答案,引得同学们哄堂大笑。

"原来如此。你说的数学界,是指数学的一切定理如同云朵一般飘浮在空中、类似于异次元世界的地方吗?这样的话,你的观点和柏拉图的并没有区别。"

老师并没有嘲笑我,而是温和地说道。

的确,老师说得没毛病。当我断言那不可见、不可触之物"存在"的瞬间,也就等于对超物质世界表示了认同。

"那么,我们再换一种说法。从宇宙诞生的瞬间开始,三角形内角和这一定理便以某种形式存在了。后来,地球上出现了人类,发现了该定理的存在……这种表述方法,正义君能够接受吗?"

这么说还勉强能够接受。我点了点头。

还真是这么回事。有一些事物我们既看不到也摸不到,但又的的确确"存在"。

"接下来，才是关键之处。我们将刚才说的三角形内角和定理，用'善'这个词进行置换。也就是说，从宇宙诞生的瞬间开始，'善'的概念便以某种形式存在了，后来人们发现了此概念的存在。那么各位，我们可以按照这种逻辑继续往下走吗？"

道理我都懂……

不对，到底还是有一些牵强吧。

老师的目光似乎在催促我发言，于是我回答道：

"嗯……善与正义和数学的定理不一样，我觉得不过是人们想象出来的概念而已。所以，在人类消失之后，这些概念也会不复存在的。"

"我懂了。没有人，就没有善的概念。所以，人类诞生之前便存在着善，这种观点就站不住脚。你是这个意思吧？的确有一定的道理。但是，假如人类灭绝了……几千亿年之后，在另外一个星球上，诞生了与人类截然不同的智慧生物，恐怕他们也会和我们一样，有着'善'的概念吧。"

另一个星球的外星人，和地球人一样，有着"善"的概念？话题有点跳跃。这不过是在假设与人类有着相同思维的生物存在于世，有何意义呢？

"哎呀，抱歉，有点跑题了。这个问题我们稍后再谈。总之，理念论认为，在人类出现之前，宇宙中已经有了善的概念。不论对错，这是柏拉图对善的理解。"

唯名论 VS. 唯实论

"关于理念论的问题说得稍微有些多了，我们还是回到历史主线上来。在那之后，历史便跨越了纪元，从公元前来到公元后，由此进入了基督教席卷西方世界的中世纪。这个时代持续了1000 余年，其间最著名的思想事件当属'共相问题'。共相，简单地说，就是普遍和一般。而在当时，共相问题的争论成为一个热点，由此形成了两个对立的派别。

"一个叫'唯名论'。如字面所述，大家可以将其理解为'不过是一个主观的名称而已'。换句话说，'人类'这一概念只是从现象中抽象出来的陈述，不是客观存在的事物，只是一个主观的名称。"

所以说叫唯名论吗？感觉和我的想法非常相似啊。或者说，这已经是正确答案了吧。

"与之相对立的是'唯实论'。大家可以理解为，被认识的对象独立于人的意识而存在。也就是认为'人类'的概念并不仅仅是一个名字，而是存在于世界的某处。"

咦，这个不就是刚才说的理念论吗？虽然看不见也摸不着，但总而言之就是存在于某个地方。强词夺理的诡辩。

"需要补充的是，在我们现代人看来，可能觉得这场争论没什么大不了的，但在当时的基督教社会中乃是头等大事。假如我们按照唯名论的逻辑，'人类'的概念不具有普遍性，那么亚当偷吃伊甸园里的智慧果，就不再是人类的罪孽，而是亚当个人的罪过罢了。也就是说，'原罪'这一基督教的重要教义，将会土崩瓦解。"

啊，我小时候也想过这个。亚当吞下智慧果，导致人类背负着罪责，为了赎罪而"必须要劳动""终有一天会死去"。在幼儿园听这个故事的时候，我就在想，亚当做的错事，跟我们有什么关系？但是，假如"人类"这个将所有人都囊括在内的概念存在的话，那么所有人都要接受惩罚也不是没有道理。当然了，即便如此我也无法认同。

"另一方面，如果按照唯实论的逻辑，问题就能迎刃而解吗？并非如此。假如我们认为'人类'的普遍概念真实存在，那么当上帝拯救'人类'的时候，所有的人，包括坏人、无神论者、异教徒，都会踏上诺亚方舟。这显然不利于宗教组织的发展。

"——大概就是这么个情况。中世纪经院哲学[1]围绕着个别与共相的关系，形成了唯名论和唯实论两个派别，从而展开了激烈的论战。

"现在各位应该已经知道'共相问题'是什么意思了，那么我们用善的概念，把刚才的思想冲突重新解释一遍。首先是唯名论。照此观点，'善'不过是一个名称。也就是说，在名为人的所有行为当中，那些能够给社会带来益处的，都被冠上了'善'的名字，仅此而已，再无其他。"

---

[1] 经院哲学，运用理性形式，通过抽象繁琐的辩证方法论证基督教信仰、为宗教神学服务的思辨哲学。因教师和学者被称为经院学者（经师），故取名经院哲学（scholasticism）。

不愧是"不过是一个主观名称而已"论，直截了当！

"下一个是唯实论。遵循此观点者认为，世界上存在着可以被称为绝对正确的'善'。当然，谁也不能对此进行证明。"

我越听越觉得唯实论就是理念论。

"啊，对了，因为善的话题，我突然想起来，亚当吞下的智慧之果，实际上应该是善恶之果。知晓善恶就等于获得了智慧，实在是大有深意。"

经验主义 VS. 理性主义

"时过境迁，西方哲学从中世纪逐渐走向近代，大概在距今500 年的时候，又出现了新的对立——经验主义与理性主义。

"先说经验主义。该观点认为，一切知识都通过经验而获得，并在经验中得到验证。比如'马'的概念，是在我们反复观看'马的图像'的过程中，积累了经验而形成的。"

嗯，无可厚非，的确如此。因为，没有见过马的人，也就没有关于马的"经验"，其大脑中就不存在"马的概念"——四条腿的长脸动物叫作马。

"经验主义非常单纯易懂，很多人都会表示赞同吧。那么，'善'的概念该如何解释呢？从经验主义的角度来看，那是因为在儿童时代获得了'做令父母高兴的事会得到表扬'的经验，而后在不断积累此经验的过程中，逐渐意识到了'这就是善'，'善'的概念便得以形成。这也就意味着，经验主义中'善'的概念，与'马'或'狗'的概念的形成别无二致。它们都只是获取经验过程中的产物，绝非其他东西。"

就观点的直白性来说，它和唯名论有得一比。

"而理性主义认为，通过符合逻辑的推理，人类便可以得到正确的知识。从表面上看，你可能以为这是一种重视理性的唯实论，然而实际上，理性主义者们都有着一种浪漫的信仰，他们认为真理或绝对正确的某种事物，存在于世界的某处，因此与经验主义相对立。这一点，我们可以从欧陆理性主义的先驱——笛卡尔[1]对上帝存在的证明中，略微感知一二。"

哈？上帝……存在的证明？意思是上帝的存在已经得到了证明？如何办到的？

"笛卡尔声称，通过以下的理性思考，可以证明上帝的存在。"

1. 人类是"不完美"的，因此只能有"不完美"的认知，只能了解"不完美"的事物。

2. 然而，人类知道"神"的概念。不完美的人类竟然知道完美的上帝，这是一件荒谬的事。

3. 为了解决这个矛盾，人类只能认为，上帝用了某种方法让人类知道了"上帝的存在"，因此上帝是存在的。

---

[1] 勒内·笛卡尔（René Descartes，1596—1650)，法国哲学家、数学家和物理学家。他对现代数学的发展作出了重要的贡献，因将几何坐标体系公式化而被认为是解析几何之父。他还是西方现代哲学思想的奠基人之一，其哲学思想深深影响了之后的几代欧洲人，是欧陆"理性主义"的先驱。著有《第一哲学沉思集》《哲学原理》《方法论》《几何》等。

"以上就是笛卡尔的证明途径。"

……完全不知所云。

"简单地说，该证明的逻辑就是，人类为何知道不知道的事物，这很奇怪。所以，如果超出逻辑的事物不存在，那就无法自圆其说。还没听懂的同学，请回忆一下我刚才讲过的'圆框'和'善'的关系。"

老师又在黑板的角落里画了一个圆框。

"我们用这个圆框来表示人所能够思考的范围，能够获取经验的范围。人类，毫无疑问，是有限的存在。其认知能力亦有限，故而无法知晓绝对的'善'，也无法获得其经验。人类虽然无法具体表达这就是绝对的'善'，但至少知道它的存在和概念。既然如此，它的概念是从何而来的呢？"

说罢，老师将"善"的字样写在了圆框外部。

"当然，它来自认识之外、经验之外。若非如此，该问题就无法解释。这也就意味着，完美的绝对的善是'存在'的。同时，它独立于人的认识和经验，所以存在于圆框的外侧。"

从上帝存在的证明推广到……善存在的证明？

与上帝存在的证明相比，善的存在似乎与我们的关系更为紧密。但是，我完全不赞同该观点。怎么说呢，刚听到理性主义的时候，因其崇尚理性思考，让我以为是一群凡事都讲究实际的人，旨在通过理性的阐释，从而得出让所有人都信服的结论。然而结果却完全出乎我的意料。为了追求"真理""善""正义"，人就必须借用超自然的东西来进行解释吗？

我一边想着，一边瞄了眼黑板上的文字，不由得发出"啊"的惊叫。老师在竖线左侧写的文字——绝对主义。原来如此！最终，所有的主张，都可以被划分为绝对主义或相对主义！

"刚才，通过俯瞰哲学史的长河，我们回顾了2500年来人类的种种思想。诸君有何发现？正义君？"

"到。竖线的左侧……以绝对主义开头的一系列哲学思想，都坚信善和正义存在于圆框之外。相反，竖线的右侧，从相对主义开始的一系列哲学思想，或认为善恶不存在，或认为善恶存在于圆框之内。也就是说，人类从古至今都在争论，圆框之内是否存在着善与正义。"

我的回答令老师瞪圆了双眼，惊讶不已。而后，老师露出了无比满意的微笑。看来，我说出了老师心中的标准答案。

"没错没错，正是如此！我要说的就是这个！

"'善'与'正义'，以及'上帝''爱''意义'等等，无一例外。总而言之，所有看不见摸不着、概念性的东西，是否真实地存在于圆框外侧……也就是人的认识和理性之外……围绕这个问题，人类已经苦苦思索了2500余年。"

2500年……吗？说起来很轻松，实际上却是极其漫长的岁月。

"那么，正义君，在你学习过这两种对立的哲学思想之后，有何感想？"

"我在想为什么呀？"

历史

绝对主义

世界上存在可以被称为绝对的正义、善！

相对主义

世界万物都只是相对的！

理念论

世界上存在绝对且完美的善的概念！

原子论

这个世界不过是细小的颗粒（原子）集合而成的！

唯实论

绝对且普遍的"善"存在于世界上！

唯名论

"善"不过是人类为符合社会利益的行为取的名称罢了！

理性主义

只要理性思考，就能证明绝对的善的存在！

经验主义

"善"不过是从经验中创造出来的，标准因人而异！

"嗯?"

"对于这个问题,人类耗费了2500多年,最终也没有得出结论。就连现在,今天,也是如此。"

"没错!"

"说到底,这个事物无法用逻辑来解释,但这类描述本身就是在用逻辑对该事物进行说明,从一开始便是矛盾的,站不住脚……但是,即便如此,过去的人们仍不惜花费大量的精力去思考这个问题,究竟是为什么呢?"

"嗯……正义君,其实你应该思考更重要的问题,那就是它真的存在于世上吗?比如说,正义君,你知道陀思妥耶夫斯基[1]吗?他是享誉世界的俄罗斯大文豪,代表作有《罪与罚》《卡拉马佐夫兄弟》等等,其创作的小说大多以全人类共同面对的普遍性问题为主题。他常常借小说人物之口说出以下这句台词。

"'假如上帝不过是人类所捏造的概念的话,那么在没有上帝的情况下,人类如何能够行善?'

"这是关于陀思妥耶夫斯基作品主题的重要台词。简单地说,为了将善和正义付诸实践,必须以'上帝'——超越理性事物的存在为前提。"

说完,老师背过身去,随意在黑板上画了一连串的圆。

"假如说,世上不存在上帝这类超物质事物,除物质之外再无其他……那么宇宙就是一个仅存在着原子,也就是大量球体的

---

[1] 费奥多尔·米哈伊洛维奇·陀思妥耶夫斯基(Fyodor Mikhailovich Dostoevsky, 1821—1881),俄国作家,19世纪最伟大的作家之一。

空间。好比一个巨大的台球桌。大量的球体在永恒的时光中，无止境地运动，或是聚合或是分裂，偶尔组合成了人类的形状，进行生物般的运动……假如，我们人类的一切活动，都不过是这些球体的运动……那么这种运动有意义可言吗？善的概念还存在吗？正义君，你怎么看？"

假如，宇宙是一个台球桌，人类由一堆按照法则运动的球体聚合而成……

咦？还真是，没有任何意义。因为，在那种情况下，即便一个人杀害了另一个人，也不过是两个球相撞，其中一个被撞散了而已。并且，球体只能按照物理法则运动，没有选择的自由。所以，不管发生何事——杀人也好救人也罢——都不再有善恶之分。

"的确，善恶都将会消失。不，当然，如果有人对球体的某种特定行为进行了定义——'我们把它称作善吧'，那么我们就可以认为善是存在的……但是，如此一来就没有必要将这些行为定义为善，因为，它与我们刚才讨论的善有很大的区别。"

我将自己能想到的东西一股脑地说了出来。

"没错，正义君。过去的哲学家们为什么如此执着于超越理性的存在，你现在明白其中的缘由了吧。如果不把这种超越理性的存在作为前提，我们就无法对某种行为进行判断，人活着也就毫无意义。"

我看了一眼左边，伦理正喜上眉梢。自己坚信的正义在眼前得到了证明，嗯，的确是件令人高兴的事情。但是——

"不过，哲学史在此之后发生了巨大的转折。接下来出现的哲学家们给西方哲学带去了不小的战栗，甚至颠覆了西方的道德思想和传统的价值。他们是克尔凯郭尔[1]和尼采[2]——存在主义哲学家们。"

弑神的存在主义者——尼采

尼采。

这个名字我有印象。说起哲学家，尼采和苏格拉底属于同一级别，是立刻就能想起的名字。他完全颠覆了西方哲学的传统？

"上帝已死……你们应该听说过吧。在尼采留下的名言警句中，这当属最有名的一句。乍一看可能会以为这不过是一句亵渎宗教的话而已。但是……才学习了哲学史的各位，大概能猜到这句话要表达什么意思吧？"

啊，我恍然大悟，将视线投向了老师写在圆框之外的那个词语。

老师"啪"的一声，将手掌盖在了那个词语上面。

"尼采口中说的，指的当然是'真理''善''正义'等圆框之外的、超越理性存在的事物。他想表达的意思是，这些东西已

[1] 索伦·克尔凯郭尔（Soren Aabye Kierkegaard，1813—1855），丹麦宗教哲学心理学家、诗人，现代存在主义哲学的创始人，后现代主义的先驱，也是现代人本心理学的先驱。著有《非此即彼》《恐惧与战栗》《人生道路诸阶段》等。

[2] 弗里德里希·威廉·尼采（Friedrich Wilhelm Nietzsche，1844—1900），德国哲学家、语言学家、文化评论家、诗人、作曲家、思想家，西方现代哲学的开创者。著有《权力意志》《悲剧的诞生》《查拉图斯特拉如是说》等。

经不存在了。不，不仅如此，他甚至指出，用一些永恒的概念去框定活生生的现实，崇尚理性，结果是扼杀了事物的生灭变化过程，扼杀了生命，造成人的更大痛苦。"

和刚才的观点截然相反。明明之前的哲学家们都认为，若没有上帝和善等超越理性的存在，人活着就毫无意义，而尼采的主张却与他们背道而驰。

我下意识地看了一眼左边。不出所料，伦理正盯着老师，双眼射出了凶光。

"据尼采所言，古时人类的价值观将'狼'和'鹰'这类强者视作'善'，然而从某一时刻开始——具体而言应该是从基督教的教义和道德诞生开始——人类的价值观遭到颠覆，转而将如同'羊'一样温顺的弱者视为'善'。这并非人与生俱来的价值观，而是被宗教家和道德家们灌输而来的。尼采认为，善与恶是由自身价值观判定的。没错，他强调，神、善、道德，不仅没有普遍性，而且其根本上是权力意志。他甚至声称，这一切只不过是统治者为了方便其统治，而想出来的将人类奴化、圈养化的压迫工具而已。"

此番言论，就伦理的立场而言，当然不能置若罔闻。她立刻起身反驳道：

"尼采怎么想那是他自己的事情。但是，正因为道德实际存在，如今人类才能够和平地生活在一起，不是吗？"

"哦，是吗？回溯人类的历史，以道德——也就是善与正义——为理想的人，手里沾满了鲜血，屠戮的生命远超那些所谓的恶人。

"比如，将上帝奉于人类之上的宗教徒……

"比如，将自己的政治思想视作'正义'的独裁者……

"以万为单位的大规模屠杀，无论何时，都是由这些人引起的。醉心于圆框之外的……理想世界的人，对圆框内部的……现实世界很容易产生蔑视的情绪。正因如此，尼采并不崇拜那似是而非、不可捉摸的'上帝'或'道德'，而是强烈呼吁大家回归现实世界——用哲学术语来说叫作'存在'——去过现实存在的生活。这种强调现实存在的观点，称为'存在主义'。当然，就分类而言，它属于右侧的现实性哲学，是继'经验主义与理性主义的对立'之后出现的新哲学思想……然而，在接下来的哲学史中……以绝对主义开头的左侧，却再也没有出现过能够与之抗衡的哲学思想。"

诶？持续了 2500 多年的对立，就这样结束了？！

"存在主义之后，哲学史上也涌现出诸如结构主义、实用主义等哲学思想和哲学体系。但归根结底，这些都派生于右侧的哲学——将真理和正义相对化并予以否定。

"也就是说，哲学的历史……人们追求善与正义的思想史，就某种意义而言，说尼采为之画上了休止符也不为过。"

对呀，正因如此！为什么哲学家中苏格拉底和尼采最有名，如今我领悟到其中的缘由了。追寻善的哲学历史，始于苏格拉底，终于尼采。换句话说，始于"向善而生"，终于"上帝已死"。

"但是！即便如此我也坚信，正确就是正确，善就是善。此类事物一定存在于世界上。"

伦理仍然要贯彻她的"伦理观"。

"你这样想啊。但是，假设'绝对正确'真的存在，你也永远无法触及它的。这一点，你自己应该再清楚不过了吧。"

"您想表达什么意思？"

"存在主义哲学家克尔凯郭尔在他的著作《致死的疾病》中对此进行了解释。理由很简单，人类是有限的、不完美的存在，所以无法知晓无限正确的善、完美的正义是什么东西，亦不能将之付诸实践。所以，留给人类的只有绝望。大概是这么个意思。"

"不对，这过于悲观了。人类既可以知晓绝对正确，也可以将其转化为行动。比如说，杀人行为毫无疑问是恶。撒谎毫无疑问是恶。那么，恶的反面毫无疑问就是善。所以，不杀人，不撒谎，就是所有人都应当践行的善的行为。"

"所有人都应当践行的行为吗？原来如此，你的道德观，和康德[1]如出一辙。康德的哲学对德国古典哲学和西方哲学具有深远影响，他和你一样，认为绝对正确的道德准则存在于世上，例如'不可以撒谎'等等。但是……"

老师用略带遗憾的口吻说道。

"某天，一个对道德准则抱有不满的人，带着恶意向康德提

---

[1] 伊曼努尔·康德（Immanuel Kant，1724—1804），德国哲学家、作家，开启了德国古典哲学和康德主义等诸多流派。康德调和了勒内·笛卡尔的理性主义与弗朗西斯·培根的经验主义，被认为是继苏格拉底、柏拉图和亚里士多德后，西方最具影响力的思想家之一。著有《纯粹理性批判》《实践理性批判》《判断力批判》等。

问：假如你家里来了一个杀人狂，向你询问你家人们的住处；如果你告诉了他，他就会马上去杀害他们。来吧，你准备如何回答这个杀人狂的问题?"

也就是说……如果撒谎，康德的家人就会得救，不撒谎的话他们就会被杀害，这是必须二选一的思想实验。

"我的话，将会回答他：'之前在对面遇见过他们。'"

"喔，这是真的吗?"

"是的，千真万确。不过，事情发生在三天前。"

"原来如此。这样的话，杀人狂即便去了你说的地方，也不会找到你的家人，而你自己又避免了撒谎。"

伦理微微点头。

"嗯，实际上，刚才她的回答和康德的别无二致。不过，正义君，对于她的答案，你有什么感想吗?"

"……"

什么感想……我觉得，伦理脑子转得非常快，在刚才的情况下作出了最好的回答。

但是……

"她说刚才的回答不算撒谎，正义君也是这样认为的吗?"

这番话让我的情绪如决口的洪水般奔涌而出。自由姐那事，成为我一直纠葛不已的心结。我直言不讳地说道：

"不，我认为这就是撒谎。与欺骗他人没什么两样。"

听完我的回答，伦理露出了吃惊的神色。当然，我并不觉得在那种情况下应该说真话。但是，说话人明显有欺骗对方的意图，却坚称自己没有撒谎，这合适吗？我觉得这种表里不一的行为，无疑是有悖伦理的。

"原来如此，正义君的回答也非常中肯。实际上，也有人用相同的逻辑去批判康德。康德，以及副会长，可能会认为自己的行为完美无瑕，应当是绝对正确的，然而我们无法否认，也会有像正义君一样的其他人从中感觉到不公平、不公正。而且，副会长，如果杀人狂非常狡猾地继续向你提出一些实证性问题，你又该怎么做呢？当然，你可以用沉默来代替回答。不过，现在是思想实验，假设在不能保持沉默或岔开话题之类的特殊情况下，你会如何作答呢？"

"那样的话，我会如实回答。"

"你的意思是，宁愿家人被杀害，也只说真话，不会撒谎，对吗？"

"没错！无论何种情况，撒谎都存在着伦理问题。所以，我只说真话。因为，这才符合道德，才是善，才是正义！"

伦理吐字清晰，语气中也没有一丝一毫的犹豫。

"喔，你的回答和康德的一模一样。的确，此回答有一定的正确性。如果我们用特殊情况来为自己辩解，'因为对方是杀人狂，所以可以对其撒谎'——那么我们就不得不对一个又一个附带条件的谎言予以认同。例如可以对坏人撒谎，可以对敌人撒谎，可以对不能信任的人撒谎……这样一来，'不能撒谎'就失去了作为道德准则的有效性。"

"但是……即便这样，我们明明知道家人会因此而丧命，却还要坚持实话实说，这么做真的可以称为正义吗？"

"当然是正义！"

伦理斩钉截铁地说道。她不容置疑的态度，令教室里一片哗然。这并不奇怪。伦理的意思是，"诚实乃正义，比家人的性命更为重要"。

对理想的追求过于偏执，从而导致对现实存在的轻蔑——"宗教的正义"的问题点。眼前这一幕正是此问题点的重要体现。

"哇，还真有搞大屠杀的气质……"

同学们窃窃私语的声音，传到了我们几个人的耳朵里。

然而，伦理却没有被周围的反应所动摇，心平气和地目视前方……不，不对，伦理的嘴唇微微颤动，被离她最近的我捕捉到了。

"那么，副会长，像电车难题这样的案例，又该怎么办？也就是说，你是打算对其放任不管，眼看电车碾死五个人，还是用拉杆改变电车路线，牺牲一个原本与之毫无关联的人呢？你会如何抉择？"

我也很好奇。关于这个问题，伦理会给出什么样的答案呢？根据我的推测，伦理大概会说："不切换路线，让电车碾过这五个人。"而她这么做的理由应该是，"无论何种情况，都绝不可以为达到某种目的而利用他人的性命"。

但是——

"家人……"

"嗯？"

伦理的回答与我的预想完全不同。

"家人、恋人、朋友……对我而言极其重要的人，他们在哪一边呢？"

伦理脸色苍白，却又略显亢奋地如此问道。老师没有明白此问题的意图，满脸惊讶。

"什么意思？这会影响到你对此问题的判断吗？那好，我们假设其中一方是你的家人。如此，你想表达的是，应该拯救家人，对外人的那一方见死不救，没错吧？"

"不，不对！恰恰相反！我认为应当对自己的家人见死不救！"

哈？我的天，伦理在说什么啊？

"因为，优先拯救对自己重要的人，无疑是出于私情。私情并非普遍之物，而是属于个人。但是，惠及万民的正义绝不能存在于私情之中。假如我们面临只能二选一的情况，出于以上理由，就应该毫不犹豫地选择抛弃家人，去拯救其他人。我认为，普天之下的所有人，都应当肩负起这种责任！"

不不不，不管怎么说，这都不能算是正义吧？但我能明白她想表达的意思。

从原理上来说，正义可能就是这么回事。

但是，伦理所言，在我们看来无异于走火入魔。

"副会长，我再问一句，这真的是正义吗？"

"是。就是正义。"

可能她会这么回答吧。但是，从她嘴里冒出来的，并不是正义这个词语，而是之前从未听到过的声响。

那声音，好像来自与我们有着不同善恶观的、连外形都相去甚远的外星人的语言。那不知其含义，只是单纯令人感到不快的声音——我花了少许时间才意识到，它是从伦理胃中倾倒出来的呕吐声。

混乱与嘈杂声顷刻间占据了整间教室。

异样的声音从伦理的喉咙里窜了出来，并伴随着阵阵异味。在教室后面，众多半睡半醒的同学注意到之后，一窝蜂地涌向了前排，似乎都想亲眼见证副会长此刻的失态。

"伦理，你还好吗?"

我立刻起身，用身体挡住了同学们的视线。而后轻抚伦理的背，如此问道。

伦理没有回答，只是流着眼泪，不停地抽泣。

第 8 章

人类可以证明正义吗？

——直观主义的问题点

"砰！"

千幸将一张 A4 纸摔在学生会办公室的桌子上，朝我说道：

"接下来，就交给正义了！"

被千幸摔在桌上的，是伦理班上的联络表。我明白了，千幸是让我以送这张表为借口，去伦理家一趟。

自从上次的事情发生后，伦理就没有来学校上过课。自然，今天也没有出现在学生会办公室里。

黑板上的文字是几天前写下的——"直观主义的问题点"，却也只是被列在那里，没有任何变化。千幸正叉着腰，面朝黑板。每天放学后，她都以这个姿势，等待着伦理的到来。但一周过去了，伦理既没有出现，也没有任何要出现的征兆。千幸终于有些按捺不住了。

"轮到自己挨批斗的时候就溜之大吉吗？太狡猾了吧！"

千幸愤愤不平地说道，那口气像是在指责伦理没有尽到值日生的义务一样。不过，千幸虽然嘴上不饶人，但内心还是很担心伦理的吧。特意去隔壁班把这张表拿过来就是最好的证明。而此时的我，也觉得必须做些什么了，于是立刻同意了千幸的提议——"好的，那我们出发吧！"

"嗯，那就拜托你啦！"

说完，千幸便把 A4 纸摁在了我的胸口上。

"啊！"

因为遭到了千幸的重击，我发出了傻乎乎的叫声。

"……莫非，你是要让我一个人去？"

"没错，刚才不是说都交给你了吗？学生会会长是学生会的代表呀！"

不，话是这么说，但我好歹是男生，一个人去女孩子的家里，感觉不太合适吧……

"我们一块儿去也没什么不妥呀？"

"好了好了，你别在这儿磨磨唧唧了，就赶快去吧。这个是住址。"

说罢，千幸把手里抓着的纸条扔给了我。哼，对我如此粗暴，搞得像是我犯了什么错似的。虽然有点生气，但我确实感受到了她对伦理的关心。自由姐也只是在一旁安静地看书，丝毫没有要去的意思。那行吧，我下定决心，准备一个人前往。

"啊，对了对了，正义君。"

——就在此时，自由姐开口说道，眼睛却依旧盯着书。

我停住了脚步。

"在你出发去小伦理家之前，咱们俩聊几句，可以吗？我想先给你讲讲她家里的情况。"

* * *

一小时后，我来到了目的地。

不过——

"诶，是这里吗？……"

我站在门前反复核对门牌和手上的地址，有些不知所措。

德川伦理——从名字和外表，以及日常的行为举止来看，她家应该是日式宅邸。或者说，虽然不至于是超豪华的住宅，但也至少是安保设施齐全的高级公寓——不过这些都是我的揣测。然而……呈现在我眼前的却是——发霉的墙壁，布满灰尘的水管，放置着破旧洗衣机的走廊，以及不能起到任何安保作用的廉价木门——名副其实的"寒舍"。按照地址和门牌来看，没错，这里就是伦理的家。

我犹豫再三还是按下了门铃。随后，屋内发出了窸窸窣窣的响声。那声音逐渐向我靠近，然后在门的对面消失了。屋门非常薄，很容易就能察觉到对面站着人。

嘎吱……

门上的信报箱被打开了。一般来说，这个时候应该用猫眼去看来访者的面部，但这扇门上并没有安装猫眼。所以，只能用这种方法来确认门外的情况。

"……请回去吧。"

里面传来了声音，虽然细微且有气无力，但能确定是伦理说的。话音刚落，嘎吱一声，信报箱立刻被关上了。

……呃……这可如何是好？

单看学生制服的话，应该可以知道来者是我，然而伦理却闭门不见。那我是不是应该识趣一点，不去打扰她？

不对，这样的话事态不就没有任何进展了吗？出乎意料的事情接二连三地发生，令我的思绪有些混乱，不知该如何是好了。我猛然想起自己手上拿着的联络表。

啊，对了，联络表！

我立刻打开信报箱，将联络表塞了进去——但是，里面传来了"诶？！"的声音，听起来似乎有些慌张。紧接着，信报箱的挡板又被摁了回来。

啊……完蛋，伦理可能误会了，以为我要偷看她。于是我马上叫道："不是！我不是要偷看你！不是那样的！"同时我又强行把挡板给推开了。然而，门对面的伦理也毫不示弱，铆足了力气不让我得逞。信报箱的争夺战，此时在薄薄的一层门两边打响。交锋数个回合后，最终还是我取得了胜利，勉强将那一页A4纸塞了进去。

很好，任务完成。

"……2年级A班来信……新菜什锦烧面包的测评报告……这张毫无意义的联络表是什么鬼？……"

这时，我猛然想起来此行的目的。

"我是正义，有话要对你说，伦理。"

稍许沉默之后，门的对面传来"唉"的叹气声。

"你一个人吗？"

"啊，嗯，千幸让我一个人来的。"

"千幸?"

"啊，不，我不是因为千幸的命令才来的，而是担心伦理。"

"原来如此，是千幸……"

嘎吱——

这次不是信报箱，而是开门的声音。

开门的动作坦率、直接。

感觉像是看在千幸的面子上才勉强开的门，这令我有些失望，可能因为女生之间会有些心照不宣的秘密吧。总之，谢天谢地，可算是开门了，于是我走了进去。

伦理家的玄关，那有些破旧的木门背后……和我预想的一样，是年老失修的一室公寓。便当店的塑料袋凌乱地堆积在地板上，用"脏乱差"来形容这间屋子再恰当不过了。床上仅有的一套被子似乎从来没有叠过，独自生活……看来的确没有和父母住在一起。

"所以，你来找我有什么事儿?"

"啊，哎哟，是为了把联络表转交给你……"

"……刚才不是已经给我了吗?"

说实话，从我进这个公寓开始，内心就不停地颤动。平日冷若冰霜的傲娇大小姐，居然住在这么破旧的公寓里，房间还如此脏乱，甚至可以连续好几天不去学校，而且，对，再加上从自由姐那里听来的伦理的身世……每一条单独列出来，都足以颠覆我之前对伦理的认知，而现在它们却一齐涌入我的脑海，实在有些应接不暇。

此外，最令我震惊的是伦理的脸。

以前的伦理，总给人感觉像骨头里装了钢筋一样，挺拔玉立，脸上的表情既威严又自信。而此时，这一切都消失得无影无踪，取而代之的是蓬乱的头发、憔悴消瘦的面庞，毫无生气、苍白的脸色，以及眼睛下的巨大黑眼圈，背也不再挺拔了。怯生生的表情里没有一丝自信可言。她的变化实在太大，要是在街上碰见的话，我可能都认不出她是伦理。

"身体状况貌似不太好啊？"

"嗯……晚上有点睡不着……"

"是失眠了吗？"

"……"

"家里人呢？"

"没有……我一个人生活已经很久了……"

"这样啊……"

"没错……所以，让一个男生进入我的房间存在着伦理问题……不过，还是请进吧。"

我脱掉鞋子，走了进去。

"借口生病逃学的我，已经没有资格再把伦理道德挂在嘴边了。"

伦理自嘲地说道。

"果然是装病啊！"

"晚上失眠是真的！"

"大家都很担心你。千幸、自由姐……还有，我从自由姐那里听说了，那个……令尊的事情。"

伦理愣住了。

"是吗？……所以，你全部知道了是吗？"

* * *

从自由姐那里听来的伦理的身世，不，准确说，应该是伦理父亲的过去。

那已经是 10 年前的事了。伦理所在的幼儿园发生了火灾。那天，她身为消防员的父亲恰巧经过事发地点，便一个人冲入了火海。不过，她父亲并没有前往大多数幼儿所在的那间教室，而是先去医务室救了自己的女儿。该事件在当时闹得沸沸扬扬。

不，将之称为"事件"可能有些不合适。伦理的父亲虽然是消防员，但那天并不该他值班，而且身边也没有任何消防装备。在这样的情况下，他依然选择投身火海，去救自己的女儿。任何人都没有理由去指责她父亲的选择，甚至可以说，父女俩本身就是火灾的受害者。

但是，即便如此，她父亲是在职消防员，而且，丧命的人数确实不少，所以这两点在当时成了人们激烈讨论的话题，世人对她父亲的选择有许多指责。据了解，不知为何，媒体似乎非常讨厌她的父亲，甚至捏造出"其实还有时间救更多人、脱离险境后还在抽烟"之类的虚假新闻，以至于给伦理的家庭带去了铺天盖地的谩骂和骚扰，迫使她父亲不得不引咎辞职。最终，他们全家为躲避流言蜚语而离开了原来的住处。

　　──到这里为止都是从自由姐那里听来的内容。之后发生的事情，是伦理亲口告诉我的。

　　"事件发生之后，我们很快就搬家了。而且为了不被人找到踪迹，我们连续辗转了多个地方。我那个时候还很小，什么事情都不懂，以为爸爸仍然是消防员。'身为消防员的爸爸，是正义的伙伴，是英雄，全日本都需要他。所以我们才会到处搬家'──我曾天真地这样认为。实际上，爸爸也是这么告诉我的。自己是消防员，是正义的伙伴。爸爸对我撒谎了。"

　　言行不一致，严格来说的确是撒谎……但，这毕竟是善意的谎言。

　　"我非常尊敬爸爸。他说他小时候的愿望就是成为正义的伙伴，成人之后也不忘初心。这样的爸爸，我打心底里崇拜他。但是，自从我们陷入不断搬家的境地之后，爸爸脸上的笑容就消失了，总是愁眉苦脸的。自然，爸爸的变化，也让我起了疑心──莫非爸爸卷入了什么不好的事情？之后，随着年龄的增加，我学会了自己上网，决心要把爸爸的事情调查清楚，于是──我找到了事发当时报道的新闻。和你听到的一样，是幼儿园的火灾事件。

　　"不可思议的是，当我看到那些报道的瞬间，事发当日的记忆立刻变得鲜明了起来。清晰得让我感到疑惑，自己居然曾把这些事情忘掉！我马上去找父亲对质，把家里闹得天翻地覆──'你为什么要作那样的选择！为什么直到今天都还在撒谎！'……

当时可能是过于亢奋了，我对自己的爸爸说出了一些无法挽回的话。

"'大骗子！'

"'为什么要来救我！'

"'不来救我，大家就可以得救！大家都可以幸福！'

"——大概这就是导火索吧。爸爸的精神出了问题，现在还在医院接受治疗。妈妈正在和他办离婚手续。"

讲述完自己的过去，伦理深深地叹了一口气。然后，像要寻求宽慰似的，楚楚可怜地望着我。

"正义君会怎么想呢？你觉得我父亲的行为是正确的吗？"

"……"

迄今为止伦理已经问过我无数次——关于某事是否正确的问题。而这一次，比之前的任何一次都要严肃。

"果然，选择救我是错误的吧？爸爸应该摒弃私情，去救那30个孩子对吧？而且他不应该撒谎，应该把真实情况告诉我的。"

"不，没有那回事……"

面对伦理接二连三的追问，我下意识地回答道。然而，具体该说什么才好，我也不知道。哪个才是正确的选项，怎么做才是正义的行为？我没有能力回答这些问题。所以，眼下只能不争气地保持沉默。

这时，我不经意间看到了伦理的书架。书架很大，与狭小的房间毫不相称。不知道为何，这个堆满垃圾袋的房间里，唯有书架被打扫得干干净净。在我眼中，那好似一个无比神圣的祭坛。

伦理注意到我正盯着她的书架。

"那书架上放着的都是有关善与正义的伦理学著作。我一直拼命学习，试图在这些书上找到我刚才问的那些问题的答案。"

伦理一边说着，一边起身朝书架走去。

据说通过看一个人的书架，就可以知道他的精神世界。那么伦理的精神世界，毫无疑问充满着"正义"。伦理将她的食指依次放在那些书的书脊上，像是在清点数目一般。无一例外，每一本书都贴有大量便签条。

"但是，不管我如何翻阅这些书，都找不到想要的答案。不，不仅如此，我越是钻研它们，越是搞不清楚何谓正义。所以……真正的骗子其实是我自己。"

"诶？"

"遵循自己的良心，无须思考，也能知道善为何物——我常把这句话挂在嘴边。但实际上，我并不知道。我只是一直装作自己知道罢了。尽管那样，我却还……恬不知耻、自以为是地标榜正义，将自己的思想强加于人……正义君，你一直都很反感吧？以前真是对不起了，抱歉！"

伦理低声下气地向我道歉。不，不是。我不想看到伦理这个样子。

"没有那回事。那个，虽然人类的确可能无法知晓绝对的善和正义，但，这并不妨碍伦理是大家的榜样啊。那个，伦理是比任何人都出色的优等生呀！"

"优等生？我？"

伦理的表情十分惊讶。而后，扑哧一声笑了出来。

"正义君，莫非你一直把我当作优等生，当作大好人吗？大概，全校性格最恶劣的就是我了吧。"

说着，伦理脸上浮现出自嘲似的、不自然的笑容。

"难道不是吗？你知道我每天都在想些什么吗？木犀草号事件。该事件发生在 1884 年，当时木犀草号轮船意外沉没，四名船员在海上漂流了 20 多天。在没有食物和淡水的情况下，其中三人合谋杀害了另一名身体日渐衰弱的少年，以他的血肉为食。三人获救之后，声称'如果不杀那个少年，所有人都会饿死，而且少年身体已经极度衰弱，本来也活不了多久，实属无奈之举'，以此为自己辩护。他们的行为究竟是不是正确的？我们以此事件为基础，改变某些条件，再来分析一下。假如少年的身体没有出现衰弱的情况，又会如何？或者，其他人都知道少年已经中毒了，几小时之后就会死亡，又会如何呢？"

不知为何，伦理撇下我们刚刚的对话内容，开始讲述某个事件。不，当然了，她想要表达的是，自己平时都在思考这一类问题。而实际上，伦理像这样忽然说起某件事情，之前也有过很多次了。但是，她今天的口吻有些异常。她似乎忘记了我的存在，自己陷入了思考的漩涡之中。

"——说到类似的吃人事件，就不得不提一下 1972 年的安第斯空难。当时，乌拉圭一架飞机坠落在安第斯山脉附近。此事件的特殊之处在于……"

伦理又兴奋地说起其他事件。

不借用任何资料就能流畅地复述出事件的大致情况，从这点来看，伦理的脑子里应该装了不少类似事件。我只是茫然地听着伦理的讲述——那些人被逼至绝境，不得已作出非人道、非自由选择的真实事件。而且，不知从何时开始，我们讨论的话题从现实中转移到了抽象的正义论上。

"——话说回来，堕胎是恶吗？如果胎儿是人的话，堕胎就等于杀人，很明显这种行为就是恶，但另一方面，我们也必须考虑到被强奸或被强迫怀孕的情况。

"比如，请设想这样一个场景。有位年轻女孩突然被人袭击至晕厥，醒来之后却发现有一根管子插在她的腹部，一个素不相识的'昏睡者'正通过这根管子汲取着她身体内的营养。可想而知，这种情况会使这位女孩丢掉工作，甚至与恋人的和睦关系也会遭到破坏。她认为'为了让陌生人活下去，要牺牲掉自己的一切，这简直不可理喻'。而后，她在明知会造成'昏睡者'死亡的情况下，还是选择了拔掉管子，然后逃走了。正义君，你会反对这位女孩作的决定吗？如果反对，就等于否定了她的人权，即自由生存的权利。但如果不加以制止，那就等于默许了杀人行为，即堕胎的发生……"

"伦理！够了，我知道了！"

我抓住伦理的肩膀，强行打断了她的自言自语。失眠——虽然伦理嘴上这样说着，但恐怕，一整晚都在思考此类问题吧。伦理眼神涣散，瞳孔中空无一物。我甚至怀疑，她现在的神智是否正常。

"我每天都在思考这样的事情。"

伦理一脸茫然地说道。

"但是，伦理学书上几乎都是这么写的。他们描述的内容极其详细，无一例外都是把人逼至绝境——不管人们作出何种选择，最后必然会陷入不幸……"

讽刺至极。伦理明明是为了寻找正义才阅读伦理书的，却因此陷入了悲惨的案例和进退维谷的思想实验中，导致她最终滑向了无尽的思考深渊。

在我沉默的短暂时间里，伦理又开始嘟嘟囔囔地念叨起来。这次，她嘴里蹦出来的不再是完整的句子。我能听清的也仅是一些支离破碎的词语——火灾……幼儿园……左还是右……爸爸……她一定是又回想起了那件事，并且在努力思索"正确的答案"。

"伦理！"

我摇晃着伦理的身体，又一次大声呼喊她的名字。同时，我命令式地说道："行了，不要再想了！"

出乎我的意料，对于我的要求，伦理干脆又顺从地答应道："没错，不想了。"说完的瞬间，她的身体如同断了线的木偶一般，瘫软了下去。我慌忙地将她扶了起来。伦理的脸上没有任何表情，睁着的双眼仍旧空洞，给人的感觉并不是因为睡意才浑身乏力，而是因为失去了活着的勇气。

"已经累了……"

伦理说道。

接着，她带着绝望的表情，向安静的房间内抛出了短短的一问。

"正义到底是什么？"

（正义不过是漂亮话，不存在于世上。）

倏然间，这个答案响彻在我的脑海中。也许我这样回答，会让伦理好受一些。就如同曾经的我一样。

——直观主义的问题点，就是太过单纯。"人类无法直接看到正义""人类无从知晓绝对的正义"，这都是稍作思考便能明白的道理。说到底，正义是"无限正确的"，而与之相对的是，人类是"有限"的存在。就像有限的水杯不能容纳无尽的海水一样，人类用有限的肉身，去探求无限的正义，可想而知，简直是杯水车薪。

正因如此……如伦理所言，直观主义者必然会沦为骗子。原因在于，虽然他们会坚称自己知晓人类无法理解的正义，但是，如果向他们提出类似于电车难题的选择问题时，他们的回答就会露出马脚。他们会对"不能杀人""应当救人于危难之时"等单纯的问题夸夸其谈，而一旦问题复杂起来，便会佯装不知，这就是他们惯用的伎俩。

但是，那些和伦理一样，想要真正、诚心、严谨地追求正义的人……或出于某种原因不得不追求正义的人，他们会直面电车难题——以及有可能发生在我们生活中的其他复杂问题，然而，结果会使他们疲惫、绝望，最终……走向崩溃。

所以，对于伦理这样的直观主义者——以完美的、精准的正义为目标的人们，也许我们应该直接告诉他们"正义什么的并不存在"。

不，不对……以前的我，可能会如此回答，但今时不同往日。在伦理课上，与学生会的小伙伴们一起讨论……曾经吊儿郎当的我，在这半年的时间里，对正义有了新的理解。所以，我想……帮伦理找到答案。不是简单地告诉她，这世上没有正义，她的一切努力皆是徒劳……被驳倒也好，被找出错误也罢……我应该将自己认真思考得出的答案告诉伦理。和千幸一样，和自由姐一样。

我拼命地回想伦理课上的所学所闻。功利主义、自由主义、直观主义……人类判断正义时的三个标准。我在脑海中反复思索着它们的观点，试图将其套用在火灾事件上。

伦理的父亲，应当一视同仁，去拯救更多的人吗？不，他也有自由生存的权利，也有根据自己意愿行动的权利。或者，优先拯救自己的女儿是父母应尽的责任，不存在任何过错。

各种观点都涌现在了我的脑中。但是，无论哪个观点，都存在无数个反对的意见。

就在此时，我的内心产生了一种抵触情绪。不，准确地说，更早之前就……没错，这种感觉，从第一次上伦理课开始，就萦绕在我心头。为了探明真相，我将注意力转移到了游离在我体内的不快之上。紧接着，我便顿悟了。

"对呀，我明白了！正义，就是不能给出答案！"

我突如其来的高喊，加上对正义的断言，令灰心丧气的伦理抬起头来，疑惑地问道：

"……你的意思是，正义……没有任何答案……吗?"

"不，不是这样的，哦不，是这样的，那个，我不知道该怎么表达。"

这种感觉还是第一次出现。因此我还没有想好该如何去形容它。但我必须趁它还未消失，快速地将它编织成语言表达出来。为此，我慎重地选择着词汇。

"风祭老师的伦理课上……各种各样的正义论……每一个都很有说服力……我感觉有些不对劲……一直都抱以反感。因为，假如说其中一种观点可以对正义进行定义……告诉我们那就是正义……那正义就变味了……我总是有这种感觉。"

此时，电车难题中的情景，栩栩如生地浮现在我眼前。

"轰鸣着奔向五个人的失控电车……备用的车轨上则有一个无辜的人。而电车的拉杆前面恰巧站着一个人……此时，这个人应该怎样做，才能称得上是正义、正确的呢？这种问题的答案，说实话，'鬼才知道呢！'因为，人不是上帝，是不完美的，不能预见未来。就算世上真的存在绝对的善，我们也无法知晓。所以，怎么样做才正确，无论如何我们都是无法搞清楚的！"

对于我的表述，伦理张开嘴想要说些什么。然而我不予理会，继续说道：

"但是，此外，有一类行为是必须避免的，我认为它绝非正义行为。那就是，事先单方面地对正义进行定义。比如，不管出现什么情况，都应该先拯救大多数人……之类的。"

"你是要否定功利主义吗?"

"不仅是功利主义,其他的也是如此。自由主义、直观主义,这世上,所有涉及正义的观点,我都要否定!"

刚刚蹦出来的言语令我自己都无比震惊。这些话意味着要将伦理学这门课程付之一炬。但是,那已经无所谓了。我索性继续说道:

"因为,因为——举个例子,假如我们找到了某种正义的公式或法则……人类只能按照此公式或法则行动的话,那这还算得上是真正的正义行为吗?被卷入电车难题的倒霉蛋……如果此人面对失控的电车和濒临死亡的无辜之人,只是平静地按照正义公式来操作拉杆……我认为此番场景里的行为,毫无正义可言!

"即便最后幸存的人很多,即便符合善与正义法则,我也不会、不能将那种机械的行为视作正义!

"那么,在电车难题那种不知如何做才正确的情况下,什么类型的人才可以称为正义之人呢?我试着思考这个问题……现在有了答案……正义之人,一定是因没有坚定的信仰,而在良心的不安中苦苦思索后,才煎熬地作出选择的人……也就是……像伦理的父亲那样的人!"

"……!"

在电车难题的假设中,不是去探讨什么是正义的"行为",而是探讨什么是正义的"人"。经过一番思索后,一个伟岸的形象浮现在我的眼前。

"什么是正义,我不知道,知道了才怪呢。但是伦理的父亲,我认为他至少'试图采取正确的行动'，所以他才饱受内心的折磨。不存在正义，或者，这才是正义……他并没有用这种简单的答案去说服自己，而是在痛苦之中不断地思索。在经历了如地狱般的煎熬后，伦理的父亲，才最终选择了拯救自己的女儿。并且，救出女儿之后，他仍然在不断反省自己的行为究竟是否正确，那么——他绝对，毫无疑问，是一个'善人'！如果连这种人都不能称为正义之人的话，那简直不可理喻，我也绝不认同！所以！所以，我觉得……"

我将自己反复思索得到的结论说了出来。

"伦理的父亲是正义的人！"

这可能是一个支离破碎、漏洞百出的理论。但是，我觉得除此之外再无其他。

对人类而言，正义既不能直观获取，也无从知晓，这就是不可动摇的事实。不过，我们虽然漂泊在不知何谓正确的尘世之中，却可以要求自己"正确地活着"；我们虽然怀疑自己的行为是否正义，却可以"向善而生"。

对我们人类来说，我们能做的这些，就已经足够——甚至可以说，这就是有可能触及的正义。

不知何时，我的眼中竟涌出了泪水。

早先，我还大言不惭地说，世上没有正义。但那时，我还不知道伦理父亲的故事。我之前因伸张正义而使事态变得恶化，为此感到羞愧、无地自容，害怕以后再给别人带来伤害，于是我开始逃避自己的良知。而伦理的父亲却没有逃避，为了"正义地活着"而不断拷问自己的内心。

伦理的父亲，就是我在孩童时一直憧憬的、勇敢孤高的正义伙伴。在我眼中，他就是"正义的英雄"！

我抬起头，发现伦理也流下了眼泪。"正义君，谢谢你。"——说出这句话后，伦理便像小孩子一样，哇哇大哭起来。

过了一会儿，脸上满是泪水的伦理，起身钻进了自己的被窝里，不再动弹。

我拿起茶几上的钥匙，向玄关走去。从外面将门锁上之后，我把钥匙塞进了信报箱。从薄薄的木门内，传来了金属掉落在地板上发出的声音——

随之而来的，还有伦理清晰且均匀的呼吸声。

第9章

正义的终结：『后结构主义』

"现在开始上课。"

最后一节伦理课，风祭老师的开场白仍旧如此。

按照教学计划，本学期的伦理课会在今日结课。虽然不是毕业，没有必要感慨万千，但我的内心还是五味杂陈。至少对我来说，这门有着特殊意义的伦理课，改变了我今后的生活方式。

"那么，因为今天是最后一堂课，我们稍微梳理一下之前学过的内容。"

说罢，老师将曾经在课堂中出现过的关键词一一写在了黑板上，并对每个词进行了简单的解释。

- 平等的正义。功利主义。最大多数人的最大幸福。边沁。快乐计算。
- 自由的正义。自由主义。弱自由主义和强自由主义。愚蠢权。
- 宗教的正义。直观主义。圆框的外侧。理念论。苏格拉底和尼采。

若是刚开学的我，恐怕不会明白这一大堆词语的意思。但对如今的我来说，这一个个死板的术语却无比亲切。话说回来，边沁的尸体作为功利主义的象征，至今仍被陈列在大学校园里，这个小故事给我带来的冲击依旧强烈。

环顾身边，千幸和伦理如同往常一样坐在我的左右两侧。之前还失魂落魄的伦理，现在已经恢复如初，我甚至很难回想起她那时的模样了。

那天——为了转交联络表，我只身前往她家的那天——翌日，伦理一脸没事地来到了学校，并径直找到每一个学生会成员，诚恳地低头认错，"让你担心了，对不起"——大家什么都没说，默默地接受了她的道歉。不对，准确说，应该是对于已经痛改前非的伦理，我们没有办法再挑出任何毛病了……实际上，面对伦理真挚的态度，连死对头千幸都不好再多说什么了，只能"啊，嗯"地表示接受。

最终，伦理因感染容易致人呕吐的感冒而暂时休学的消息在同学之间传开，上次的伦理课事情也由此告一段落。总之，一个月过去了，伦理已经完全恢复满血的状态。我们像什么都没发生过一样，回到了日常的校园生活中。

我的左边，和以前一样，坐着的是伦理。

然而，唯一的例外是……

……距离有些不自然。怎么说呢——太远了。和之前相比，伦理像是故意做给别人看似的，跟我保持着很大一段距离。

什么意思？被讨厌了？哎哟，的确，我知道了她太多的隐私。此外，破旧公寓、脏乱差的房间，这种不该看的东西我也看了，所以说不能算是无缘无故吧。咦？这么一想，难道是我做错了？是不是应该向她道歉呀？

在我胡思乱想之际，一不小心和伦理来了个四目交汇。

明明偷看的一方是我，不知道为什么，伦理的脸却一下变得通红，慌慌张张地把脑袋转了回去。

"复习到此为止。剩余的时间，我们来聊一聊哲学史的末端，结构主义和后结构主义的相关内容。它们是继存在主义之后出现的新哲学思想，二者的主要观点有着相似之处。简单说，结构存在于一切社会现象背后，并不是客观世界所固有的，从普遍意义上讲，它先于具体的个人经验而存在，且制约着人的理性思维能力。"

制约着人的理性思维能力？

又是有些危言耸听的说法啊。哲学史的末端，也就是说，此乃当下最新的哲学思想所主张的观点吗？

"比如，各位听说过犯人和狱警的实验吗？那是名为斯坦福监狱实验[1]的著名心理实验。该实验募集了一批普通人作为志愿者，他们被随机分成两部分，一部分人扮演囚犯，另一部分人扮演狱警，然后在类似于真实监狱的环境中生活。于是，不可思议

---

[1] 斯坦福监狱实验（The Stanford Prison Experiment）：1971年夏天，斯坦福大学心理学教授菲利普·津巴多（Philip Zimbardo）和同事们在大学地下室搭建了一个模拟的监狱，并且征集了24名心智正常身体健康的志愿者，每人每天可以得到15美元报酬，但是必须完成14天的实验。

的事情发生了，这些志愿者逐渐丧失了自己的个性。扮演囚犯的人如真实的囚犯一般，扮演狱警的人也如真实的狱警一般，都深深卷入了自己所扮演的角色，他们无法自拔，甚至连表情都发生了变化。"

哈，就是弄假成真的故事吗？自从我当了学生会会长之后，大家都说我的言行举止越来越有会长的样子了。可能，人还真的是这么回事。

"最终，因为出现了虐待、囚犯发疯等意外情况，该实验进行到一半便被迫中止……"

哇，真的吗？志愿者们入戏太深了吧。

"简单说，这个心理实验告诉我们，人们虽然表面看起来是依照自己的意志而行动的，但实际上，周围的环境、我们的职责及立场，已经在无形之中决定了我们的思考和行为。不过，由于该实验的过程充满了戏剧性，导致有人怀疑，志愿者们是不是按照剧本表演的。

"但是，姑且不论实验过程是否严谨，就感觉而言，其结论也是合乎情理的。现实生活中，特定的职业为什么需要穿上特定的制服来从事工作呢？为什么诸位被要求穿上特定的制服来学校上课呢？那自然是因为，制服可以督促人'意识到自己所处的立场''意识到自己是集体的一分子'。也就是说，制服的作用在于——不是作为个人，而是作为集体的一员——使医生更像医生、学生更像学生、犯人更像犯人等。人的这种意识上的变化，竟然是由如此微不足道的细节——布料的款式和花色——所引起的。我们应该对此事实予以重视。"

确实。仔细一想还真是这么回事。我也不例外，假如某天看到和自己穿着相同制服的同学被别人嘲笑奚落，我应该会怒不可遏吧。

这么说，我的想法，果然会被布料的款式和花色所左右。

"如此，人类并不像自己以为的那样，能够自由地思考。真实情况是，周围的环境和社会规则——哲学术语叫作'结构'——占据了主导，在无意识中支配着我们的思维。

"顺带一提，这里所说的'结构'，可以置换为'系统'，这样对于你们而言可能更容易理解。当然，穿着规定的制服来学校上课，也可以称为是一个社会性的'系统'。

"现在，假如我们用'系统'来解释结构主义，那么就可以这样理解：

"一个人的思维模式，是由此人所生活的社会系统，在无意识中为其建构的。

"比如说，正义君。"

"在！"

"当你听到'工作'和'不工作'这两个词语的时候，脑海中会有什么印象呢？"

"呃，我想想。说起'工作'就会联想到'伟大'，或者'生命的价值'……说起'不工作'就会想到'不像话''真羡慕'之类的……大概就是这些印象吧。"

一时脑抽，把"不工作"和"羡慕"放在了一块儿，这下惹得同学们窃笑不已。

"原来如此，感谢配合。刚才正义君的回答，可以说正是资本主义社会这一'系统'的直接产物。换言之，只有生活在资本主义系统和货币经济系统中的人，才会这样回答。假如正义君生活在没有经济'结构或系统'的国家中，还会给出同样的回答吗？"

我想象自己正悠闲地生活在一个温暖的国家，那里物产丰富，四季如春，美味的食物随手可得。

"不，我觉得不会。至少，认为工作很伟大或者羡慕可以不工作的人等想法是不会出现在我心中的。但，但是……"

"嗯？有什么不对吗，正义君？"

"那个……如果出生在一个没有经济系统，也就是说，不需要工作的国家的话，我对'工作'的认识就会发生改变……这个，难道不是理所当然的吗？……"

"啊，确实。'经济系统'和'工作'，二者之间的关系过于紧密，的确会让人不太信服。也就是说，一方发生变化，另一方也会随之改变。那么，如果换成'打招呼'呢，例如'早上好'或者'下午好'之类的问候语？"

打招呼吗？嗯，这就和经济或资本主义没有直接关系了。

"那么，正义君，假如你有个弟弟，他是一个从来都不跟人打招呼的孩子。现在，你打算如何告诫他呢？"

"我可能会说，你连招呼都不会打，将来进入社会可怎么办……啊！"

"看来你已经意识到了。正义君刚才脱口而出的话，归根到底就是要表达'在靠工作赚钱养活自己的资本主义系统下，不打招呼就混不下去'这个意思。"

"我明白……了。我的本意是凭着自己的常识，告诫弟弟什么事情不该做。但，这其实是我在无意中，根据现有的社会价值观所作的回答。"

顺带一提，除了这个回答之外，我还想到了更加简单明了的告诫方法："如果不和别人打招呼，就会被当作没礼貌而遭到讨厌。"不过，此回答也不例外，因为可能会被追问"为什么被人讨厌就不行呢"，而我会接着说："因为，这没有好处啊。"

显然，这种告诫方法，也是在资本主义系统的影响下，在无意中形成的。

"为什么必须和人打招呼？此问题原本可以有很多种答案。比如，可以这样回答，'所谓打招呼，指的是在今天这个独一无二的日子里，你们对彼此的相遇感到高兴而做出的行为。所以，如果你想充满感激地享受人生，就应该积极地跟人打招呼。但是，倘若你没有这种觉悟的话，还是不要跟人打招呼的好。当你从心底里想与他人分享一期一会[1]的奇迹之时，再打招呼即可。那才是真正的打招呼'。不，甚至可以说，如果你认真思考'什么是打招呼'，就会得出这个答案。然而，大多数人却不明白打

---

[1] 一期一会，日语是いちごいちえ，是由日本茶道发展而来的词语。在茶道里，指表演茶道的人会在心里怀着"难得一面，世当珍惜"的心情来诚心礼遇面前每一位来品茶的客人。也用于表达：人的一生中可能只能够和对方见面一次，因而要以最好的方式对待对方。

招呼的本意，仅是依照自己所在社会系统的价值观而下意识地回答而已。"

说完，老师突然将水杯"咚"的一声放在了讲台上。

然而实际上，那里并没有真正的水杯。老师像在演独角戏一般，对着我们用手做出了拿水杯的样子。此时，老师正摆出一副往水杯里倒水的姿势。

"假如现在这里有一个水杯，我正在往里面倒水。然后，水变成了杯子的形状……水可能会这样说：'我是按照自己的意志变成这种形状的。'但这不过是幻想罢了，只是因为'杯子恰好是这种形状'而已。

"其实，假如我们拿一个花瓶过来，把水倒进去，水又会轻易地变成花瓶的形状。意思是说，这和水的意志如何根本没有关系。话已经说到了这个份儿上了，那么，结构主义是一个什么样的主义，对于人持什么样的看法，想必各位已经心中有数了吧？"

嗯，经过老师刚才的解释，我已经明白了。

非常直截了当的人类观。刚才那段话将社会的结构比作"水杯"，将我们的思想比作"水"。这个比喻简直太妙了！如其所言，人的思想由结构所支配，仅此而已。

这种观点的确属于右侧的相对主义一脉，是将理想视如糟粕的现实哲学。而且，我现在懂了，它的名字为何叫"结构"主义。

"接下来，是后结构主义。这里的'后'源自英文的'Post'，表示在后面的意思。所以'后结构主义'这个术语，其意义为'结构主义之后'。那为什么不给它起一个更通俗易懂的名字呢？

原因在于，结构主义时代之后的哲学家们，虽然想要超越结构主义，但始终没有走出结构主义的范围。他们虽然对结构主义进行了猛烈的批判，但最终没能建构起新的哲学体系。"

这个名字不太体面，其思想也只停留在批判的层面，并没有提出新的方案，所以无法用具体的名字将其概括。

"各位，刚才的那番话里，你们需要特别注意的点是，后结构主义'没有走出结构主义的范围'这一部分。换句话说，后结构主义也认为，人类处在结构（系统）的支配之下。"

哈，这样啊！结构主义直截了当的人类观，在下一个时代并没有遭到否定，而是被继承并延续到了现在。

"那么，后结构主义与结构主义究竟有什么区别呢？我们不妨将其表述为，后结构主义从某种程度上来说是对结构主义的拨乱反正。"

对结构主义的拨乱反正？

"结构主义认为，我们要努力将自己所处的社会之结构研究透彻，然后，就能找到其结构上的缺陷。对缺陷进行修复，便可以创造一个更加美好幸福的未来。"

原来如此。

简单说，人类并非永远都是结构的奴隶，而是可以根据自己的需要来重新设计、改造结构。的确，该观点具备建设性，并对未来抱有希望。

"但是，后结构主义的哲学家们，对这一观点进行了批判。

"他们认为，结构绝不会因人类的意志而改变。原因在于，试图改变结构的意志本身就诞生于其被囚禁的结构之中。要想用结构之内的东西，去创造超越结构的东西，实乃自相矛盾。"

哇，摧毁人类理想和希望的无情铁手出现了。谁提出有正义，他就说"没有那种东西，人类不过是原子的聚合体"；谁提出有上帝，他就说"上帝早就凉透了"——右侧的哲学思想，永远都如此犀利。

而且，从存在主义开始，连续三个都出自竖线的"右"边。哲学经历了数千年的发展，似乎终于到达了它的目的地。

"简单说就是，杯子里的水，在被倒进杯子的瞬间，就只能在杯子的范围内活动，无论如何也无法挣脱杯子的束缚，各位如此理解即可。当然，我们也没有必要把后结构主义的思想奉若神明。

"但是，对于当时被称为天才的学者们，他们的观点，我们有义务虚心学习。因为，如果不这么做的话，生活在'现在'这个新时代的我们，就无法孕育出超越后结构主义的'新哲学''新思想'。

"那么现在，为了让各位更深入地了解后结构主义，我来介绍一位最具有代表性的人物。

"米歇尔·福柯[1]，法国哲学家。"

---

[1] 米歇尔·福柯（Michel Foucault，1926—1984），法国哲学家、社会思想家和"思想系统的历史学家"，法兰西学院思想体系史教授。毕业于巴黎高等师范学院、索邦大学。他在文学评论及其理论、哲学（尤其在法语国家中）、批评理论、历史学、科学史（尤其医学史）、批评教育学和知识社会学等领域有很大的影响。著有《疯癫与文明》《性史》《规训与惩罚：监狱的诞生》等。

最后的哲学家福柯

"我想先从福柯的生平开始讲起。不过,为了说明这个问题,就必须对他的祖国——法国的'特殊文化'进行解释。

"法国和日本,在文化上有着明显的差异。

"那就是,'对知识分子尊敬程度的高低'。

"比如在日本,知识分子基本得不到应有的尊重。事实上,诸如新闻之类的电视节目,偶尔会邀请知识分子或学者参加。不过,他们就时事舆论发表晦涩难懂的长篇大论时,没有几个人会认真聆听吧。与之相对的是,世人更热衷于对他们身边的娱乐圈人士作出浅显或刺激的评论。也就是说,在日本,那些学富五车的知识分子的意见,几乎都被置若罔闻。"

的确是这么回事。我在看新闻节目的时候,如果发言人是所谓的学者,我只会把他们当作专业知识的活字典看待,对于他们个人持什么意见,我却毫不关心。

不,不仅如此,我有时甚至会对他们抱以偏见,认为"学者根本就没有混迹社会的经验,其言论对于我们普通人而言,没有参考价值"。

"然而法国却不一样。在法国有着尊重知识分子的文化传统。具体地说,法国有着名为'大学校'[1]的精英教育系统,与大学

---

[1] 译自法语Grande École,也可译作高等学府,与通常的"大学"不同。普通高中毕业生经过高中会考后,还需在预科班就读两年以上,才能参加淘汰率极高的考试、进入学府。高等学府实行三年学习制度,毕业文凭等同于硕士。

不同，那里是真正培养精英的地方。

"法国的历代总统、首相和大企业的高管大多毕业于大学校。甚至，如果你考入了大学校中的顶尖名校，那么毕业之后就会被当作国宝来对待，一生都不用为钱发愁，只需要作自己喜欢的研究即可。嗯，简单说就是，有希望获得诺贝尔奖和菲尔兹奖（数学界的诺贝尔奖）的天才汇聚一堂的超一流精英学校。福柯就毕业于超一流学校，最终还成了另一所超一流学校的教授。

"顺便补充一句，法国哲学界的翘楚，也就是福柯那种级别的人物，待遇和日本的教授完全不同。比如，福柯享有特权，不用做'指导学生'这种对研究者来说极其繁琐的工作。不过作为交换，他需要向市民发布自己最新的研究成果。他的义务仅此而已，其余的时间可以自由支配，包括思考研究什么问题、如何研究。此外，毫无疑问，他作为教授的薪水也非常可观。"

原来如此啊。这意味着，法国给国内最顶尖的人才提供名誉、时间、金钱，以及供他们发表研究成果的场所，目的是让他们全身心地投入科研。说实话，面对经过千挑万选才脱颖而出的知识分子，即便他们讲的东西有些难以理解，我也想认真努力地倾听。这大概就是知识分子在法国备受尊敬的原因。日本也这样搞就好了。

"于是，受到如此待遇的福柯，作为结构主义之后的哲学家之一，展开了关于人类如何受到结构（系统）支配的研究。其代表性成果，就是享誉世界的哲学著作《规训与惩罚：监狱的诞生》。

"这里说的监狱，不是比喻或其他东西，而是正儿八经的'监狱'。福柯在此书中，按照历史时序论述了监狱这一系统诞生的过程，以及该系统给人类带来了何种影响。

"据福柯所言，18 世纪及之前，人类便有了将犯人公开处刑的文化。而且，都是用车裂或者火刑这种虐待肉体的方法来处决犯人。为什么要采取这种残酷的做法呢？当然是为了以儆效尤，让庶民知晓忤逆统治者是多么罪孽深重的行为。"

稍微脑补一下就感到毛骨悚然，但的确，历史剧中也经常出现"拖至菜市口斩首示众"之类的台词。

"然而，19 世纪之后，这种残酷的公开处刑从人类的活动中逐渐消失。与之相应的是，名为'牢房'也就是'监狱'的系统诞生了。'监狱'为何出现了呢？

"表面上好像是'出于人道主义考虑'，或者说，'罪犯也有人权，应当赋予其重新做人的机会'。

"一般来说就是如此吧。因为，不管犯人的罪孽如何深重，为了杀鸡儆猴就将其折磨致死，实属野蛮行径。

"当然，'出于人道主义考虑'并不是坏事。大概没有人会认为我们应当回到公开处刑的时代吧。但是，'出于人道主义考虑'而设置的监狱，毫无疑问，从事实上改变了我们的社会系统，最终我们的思考方式也被迫随之改变。"

说完，老师又摆出了刚才往讲台上放杯子的姿势。

"也就是说，杯子的形状发生了改变。"

杯子的形状变了，里面的水——我们的思想亦会被强制性地改变。

"首先应当注意的是，监狱给我们带来了怎样的意识变化。福柯认为，监狱让'理性的人与非理性的人'的分界线变清晰了。"

老师拿起粉笔，用粉笔的笔杆部分在黑板上反复摩擦，绘制了一个浓度渐变的图形——左侧深右侧浅的四边形。

"理性和非理性，文明与疯癫……自古以来，二者之间就没有明确的分界。但是，从监狱诞生之后的某时开始，一条明确的分界线就出现在了二者之间。"

老师说完，又在浓度渐变的四边形的中间，画了一条笔直的纵线。

"善良的市民与罪犯。普通人与异常人。界限划清的瞬间，我们就陷入了一种先入为主的观点，认为必须待在这边——正常的那一侧，从而忽略了该分界线原本并不存在。

"监狱，是关押一切犯人的场所，它的功能是按照对罪犯实行惩罚和改造相结合、教育和劳动相结合的原则，将罪犯改造成为守法公民。

"现在，你们看懂这种微妙的历史性变化了吗？

"过去，忤逆统治者的罪犯，下场就是单纯地被公开处死。然而在监狱出现之后，犯人在人道主义的名义下得以存活，接受回归'正常人'的调教。也就是说，这里面包含了一种意识的变化，从'必须排除反抗权力之人'，转变为'所有人都必须正常地生活'。此变化离我们并不遥远，从人类历史的角度来看，它们是近代才发生的。"

以前经济不够发达，没有富余的资源对犯人进行长时间的矫正和教育，所以在近代才得以实现吧。

"我们来整理一下监狱系统的要点。大概可以归纳为以下两个。"

1. 保护"非理性的人（犯人）"并将之矫正为"理性的人（正常人）"。

2. 为此，需要对犯人进行一定的约束，监视其行动。

"那么，其中最有特点的，当属监视这种矫正方法。监狱绝不是通过对犯人体罚的方式来将其矫正为正常人，而是让犯人严格按照规定起床、吃饭、劳动、就寝，并安排狱警对其进行密切的监视，以达到矫正的目的。为什么监视可以起到矫正的作用呢？

"现在，请大家想象一下，有一个孩子没有按时完成作业。为了矫正这个孩子的不良习惯，有一种办法是立即采取暴力手段，将他'痛打'一顿。不过，此方法难以实现真正的矫正。因为，就算这个孩子被动完成了作业，也不过是其为了避免挨打的权宜之计。证据就是，如果让他重新回到不会挨打的环境中，他还是会偷懒的。

"所以，如果想对孩子进行真正的矫正，按照如下的方法即可。

"首先给他灌输一种思维模式，让他坚信'大家都在正常地完成作业。不完成作业的家伙，就是不正常的人'。在他有了这种判断之后，我们只需要在背后一直'盯着'他。这时，如果他产生了'啊，有人正盯着我；我可不想被别人视作异类'的心理活动，那这番操作就成功了。接着，在短期内再对他进行定时的巡视，渐渐地，我们会发现，即便在没有人盯着他的时候，他也会约束自己按时完成作业的。"

原来如此，这样一来，这个孩子就可以自主完成作业了，的确称得上是完美的矫正方法。但是，这样做真的合适吗？这种操作让人感觉是为了自己省事而操纵那个孩子的思想。不过，那个孩子可能会认为自己是"按照自我意志而行动"的。

"通过刚才的例子，想必各位已经明白，监狱中的监视系统，对于犯人的矫正会有多么显著的效果。但仔细一想，这种方法并不只运用在监狱中。让人意识到自己被监视，从而约束自己的行为——此类做法，在社会中比比皆是。没错，我们所在的社会（杯子），实际上和监狱有着相同的权力、技术，都是'通过监视来实现规范化'的。对于这个问题，福柯给我们描绘的现代社会图景是：

"我们都生活在'全景敞视监狱'里！"

——全景敞视监狱？！

该词语的意外出现，令我目瞪口呆。旁边的伦理和千幸亦是如此。我们面面相觑，十分惊讶。

现代哲学家福柯……从他的嘴里居然听到了我们再熟悉不过的名字——边沁。然而更令人震惊的是"全景敞视监狱"这个词语。就一般认识而言，该词语指的应该就是边沁设计的圆形监狱，对于我们学生会来说，它有着特殊的意义。

毫无疑问，那就是——全景监控系统。

在校园内设置"监视君"——人形监控器，也是我们学生会目前面临的最大难题。不过，虽然大多数学生都知道"监视君"的叫法，但对于其正式名称并不熟悉。所以，这个词语并没有引起学生们的太多注意。

接下来，老师针对全景敞视监狱进行了说明，内容和我从伦理那里听来的大致相同。

环形监狱的中央矗立着一座监视塔，四周的牢房以此塔为中心，呈包围状。并且，通过特殊的设计，高塔里的狱警可以清楚地看到犯人，而犯人却看不到狱警。

老师一边在黑板上作画，一边描述着圆形监狱的特征。

"这就是之前我们提到过的哲学家——边沁——设计的圆形监狱。其划时代性在于大幅度降低了监狱的开销。具体地说，因为犯人看不到狱警，他们会感觉到自己始终'处于监视之下'，因此不敢轻举妄动，时刻迫使自己循规蹈矩，这样也就实现了'监狱矫正'的目的。如此一来，圆形监狱内便不再需要狱警24小时都盯着犯人，于是支出就大大地降低了。

"你们也是如此。面对可能有人盯着的监控器，恐怕谁都不会做出偷东西之类的行为吧？"

监控器这一词语的出现，打破了教室里的平静。其他同学也终于意识到，老师口中的监狱系统，竟然和自己学校的"监视君"如此相似。

其实，学校里早有传言。

设置在教学楼里的监视君，大部分都是假的。因为，和被直播到网上的画面相比，监视君的实际数量明显要多得多。因此，大部分的监视君极有可能都是摆设。但即便如此，我们并不知道它们什么时候会被调换为真货，也不知道其内部是否有定时功能，是否可能突然就会启动。

所以，不管其是真是假，不管摄像头背后是否有人正在观看，只要"可能"尚在，我们都会有"被监视着"的感觉。通过将小小的廉价玩偶摆在各处，就能够操纵我们的意识和行为，对学校而言，这便是将我们矫正为"正常人"的手段，的确是名副其实的"监狱"。

"简言之，圆形监狱——边沁设计的监狱，将'可能正在被监视'的假象传给犯人，可谓是当时最经济、最科学的监狱。而福柯敏锐地发现，现代的社会系统和圆形监狱如出一辙。同时，请各位注意时代背景。福柯发表《规训与惩罚：监狱的诞生》的时间是 20 世纪 70 年代。那个时候，没有智能手机，更没有社交软件。我认为，几十年之后，信息技术高度发达的今天，监狱系统的形式已经超出了福柯的预想，实现了更全面的监视和矫正。"

70 年代……那个时候我还没有出生。当年不仅没有网络，甚至数码相机都还没被发明出来，这在今天是难以想象的。

"比如，智能手机的普及。现在，社会上的绝大多数人都拥有智能手机。如果社会如福柯所言是一个监狱的话，那么智能手机的普及意味着什么？恐怕将会是'犯人全员都随身携带着监控器，来进行互相监视'的状况。"

我感到十分诧异。如此说来，还真是这么回事。就好像正在街上涂鸦的我，马上被人拍下来上传到社交软件上，并配上文字"快看啊，有个可疑的家伙在做坏事"——虽然这种事情不一定会发生，但至少有被人传到网上的可能性。实际上，因此而葬送整个人生的案例也屡见不鲜。现如今就是这样一个时代。

"我还是学生的时候——当然那时也没有互联网——动作粗野、蛮横不讲理的人比比皆是。在当时，有的学生因为忘记做作业而被老师体罚；警察逮捕了超速驾驶的司机后，用污言秽语对其进行辱骂；高年级学生会将低年级学生的东西'借'走，再也不归还；等等。过去，这些目无王法的人非常逍遥自在。

"但今天，类似的事情寥寥无几。仗着权力和地位肆意妄为的人，虽然不能说消失殆尽了，但就整体而言，与以前相比有了大幅度的减少。为何？是现在的人比以前的人素质更高吗？不，不对。那是因为'当今社会，不管是谁，都随身携带着监控器和窃听器，而且随时都可以将录制的信息发布到社交媒体上'。"

我明白了。不是善人的比例增加了，而是随着技术的发展，每个人都受到了更为严密的监视，社会系统的矫正功能被进一步加强了。

"从监视型社会发展为'相互监视型社会'，这种变化，实际上还有着另一个意义。那就是，我们生活在其中的巨型圆形监狱已经成为'无法破坏'之物。过去的圆形监狱，只要将耸立于中心的高塔爆破掉，整个系统就会停止工作。然而，现代的圆形监狱中不存在类似的中枢。因为，犯人肩负起了监视的任务，就好比监视塔变成了互联网，均匀地分布在各个牢房。这样一来，如果不将全体犯人全部'爆破'掉，该系统就无法被摧毁。同时，此'无法破坏'的结论，与我们之前提到的后结构主义的观点完全一致。

"也就是说，人类既无法凭借自身的意志将支配自己的结构（社会系统）改变，也无法从中逃离。

"所以，圆形监狱、监视社会在今后必然会持续下去，而且被监视的一方和作为犯人的一方无能为力。为了自身的发展，社会需要'正常人'为其服务，所以不断强化监视系统。同时，以效忠社会为目的的人，极其害怕自己被划分在社会规定的'正常'范围之外，所以非常在意'被监视着'这件事，因此一直小心翼翼地生活着。

"你们明白了吗？现如今已不再是'人类在建设一个对人类而言正确的社会'，而是'社会在制造对社会而言正确的人类'，主次关系早就发生了颠倒。

"那么，本学期的伦理课就到此结束，谢谢大家。"

诶？！

教室外响起下课铃的瞬间，老师突然宣布了课程的结束。虽然到了规定的时间，老师这么做也无可厚非，但如此草草了事真的好吗？不，我觉得这有所不妥。然而，其他同学已经快速地收拾好东西，一个个伸着懒腰离开了教室。似乎大部分同学对于老师刚才说的话都毫无感觉，我却被一种莫名的虚脱感困住，一时间竟无法从凳子上站起来。

* * *

我一路小跑，追上了刚刚完成本学期教学任务的风祭老师。

然后，在走廊里叫住了他。

"老师，我还有问题！"

"怎么回事啊，正义君？"

"我们应该怎么做，才能摆脱圆形监狱对我们的束缚呢？关于这个问题，福柯是如何论述的呢？"

我甚至等不及调整有些急促的呼吸，便开门见山地问道。

"不，福柯对于此问题没有任何论述！"

这样吗……我叹了口气。

老师将手放在了我的肩膀上，话锋一转，对着垂头丧气的我继续说道：

"除了监狱之外，福柯还作了各种各样的研究，而这些研究都有着共同的主题，即关于支配着人类的'某种东西'……为什么福柯对于该问题如此执着？原因恐怕在于，他自己也想从'某种东西'的束缚中逃离吧。所以——这只是我的猜测——在他人生最后的研究中，应该能找到解答此问题的钥匙。但遗憾的是，福柯还没有来得及将他最后的研究整理成哲学思想，便因病去世了。"

"福柯最后进行的是什么研究呀？"

"是伦理学。"

这个答案令我有些意外。

"伦理学的意思是……福柯在他人生的最后时光里，致力于正义和道德的相关研究吗？"

"没错。晚年的福柯突然进行了伦理学——而且是关于古希腊道德观的研究。为何他突然选择这个作为研究题目，至今仍然是谜。总之，他得出的结论是，我们应该积极地创造'当今社会不存在的、新的生活方式'，而不是仅仅按照社会强加给我们的'正常'的活法去生活……"

"所谓新的生活方式，可以在古希腊时代找到，是这个意思吗？但是，那个时代是苏格拉底和柏拉图生活的时代，感觉也太过久远了吧？"

"不不不，正义君，你可不要小瞧了古希腊人的智慧。如同德谟克利特[1]在没有显微镜的时代，仅凭自己的观察和研究就完成了原子论一样，在古希腊时代，出现了一个又一个奇迹般的洞见。不仅如此，虽然远隔千里，但佛教的创立者释迦牟尼[2]也是同时期的人物。正义君，如果你想知晓佛教顿悟的本质，那么你最想请教的人是谁呢？"

"那个……当然，还是佛教的创立者释迦牟尼吧。"

---

[1] 德谟克利特（Democritus，约公元前460—公元前370），古希腊伟大的唯物主义哲学家，原子唯物论学说的创始人之一。

[2] 释迦牟尼，古印度迦毗罗卫国释迦族人，净饭王太子。29岁时因感人世生老病死之苦，出家修道，终获菩提。

"没错。虽说释迦牟尼是公元前的古人，但向他请教无疑是最合适的。同理，关于哲学和伦理学，当你想知道人类应该如何存在的时候呢？"

"啊，我明白了，苏格拉底。"

"对，苏格拉底。或者是将苏格拉底的话记录下来的学生柏拉图。他们二人是伦理学的开山鼻祖，所以首先要倾听他们的高见。比如，苏格拉底的'无知之知'告诉我们，为了追求善与正义，人类不能装出一副已经了然于胸的样子，而是应该从承认自己的无知开始；还有苏格拉底式对话法[1]，他认为善或正义不能用固化的书面语去表达，但可以在对话里的某些瞬间找到。苏格拉底的这些洞见，显然包含着最新的伦理学所不能忽视的东西。同时，柏拉图的观点也大有深意。正义君，你还记得理念论吗？"

理念论。理念即 idea，也就是概念。理念论认为，概念在人诞生之前就已存在于世界。

我点了点头。

"'最高的理念''理念中的理念'，换句话说，'使概念（理念）本身得以成立的最根本的概念是什么？'——对于这个问题，柏拉图的回答是'善'。"

"善？"

"是的。难道你不觉得不可思议吗？爱，或者上帝……明明

---

[1] 苏格拉底式对话法，一种采用对谈方式澄清彼此观念和思想的方法。他认为通过对话可使学生澄清自己的理念、想法，使谈论的课题清晰；只要一直更正不完全、不正确的观念，便可使人寻找到"真理"。

还有无数种可以回答的方式。"

"是呀。感觉当时的人回答'上帝'的可能性更大吧。或者回答说，爱是至高的理念，也非常符合我对他们的印象。"

"没错。但是柏拉图的回答既不是上帝也不是爱，偏偏是'善'。仔细一想，的确如他所言。实际上，当我们将某种事物概念化的时候，正因为我们认为该事物的概念化是'善（好的）'，所以才会认可该事物成为概念。"

瞬间，无数个问号淹没了我的大脑。

但，我又想起了老师在第一次伦理课上说过的话。那就是——最终，我们想什么，怎样想，都是因为内心觉得该想法是"正确的"，所以才会那样思考。

"就是老师您第一次上课时提到的内容吧。"

老师听后有些惊讶，却又马上露出了欣慰的笑容。

"对。即便是想法完全不同的人，甚至是外星人，只要是能够'思考'的智慧生命体，其心中就一定存在着'真理''正确'的基础概念。因为，思考、想象的行为，归根到底就是，也必须是，主张某种理论是'真理''正确'的行为。比如数学、伦理学皆如此。如果不以'真'的概念为前提，那任何算式、任何命题都无法成立。"

的确如此。我觉得甚至可以说，如果不存在"真"的概念，那么研究学问本身便失去了意义。

"换句话说，可以认为任何知性的活动，都建立在'真理''正确'的概念之上。那么，将'正确性'赋予'正确'概念的上位概念，究竟是什么呢？我认为，此上位概念就是'善'。"

"'善'比'正确'的价值更高吗？"

我不太能够理解。

"正义君，对你而言什么叫正确？"

"那应该是……'与现实一致'……'不自相矛盾'之类的吧。如果有满足这些条件的数学公式或者理论，我会将其判定为'正确'。"

"原来如此。那你为什么选择这些条件呢？"

"因为……呃……啊？"

"因为你觉得'与现实一致''不自相矛盾'是'善（好的）'，没错吧？"

"没错没错。"

我心中所想的被老师说出来了，于是连忙点头同意。

说起来，还真是这么回事。我之所以选择它们作为正确的条件，是因为觉得它们是'善（好的）'。

"对。所以'正确'的概念，实际上是以'善（好的）'的概念为基础的。这样一来，我们便可以得出结论，人类的任何思考行为，都必须以'善（好的）'为前提，方才能够成立。

"也就是说，'我思，故有善'。

"想什么、怎样想——就算内容还存有疑问，但对思考行为本身作出了'善'的价值判断，这一事实无可置疑。也就是说，当我们思考什么、怀疑什么、纠结什么的时候，心中一定存在着'善'，以及'向善的意志'。如果人类不相信此原理，没有将其作为思考的出发点的话，恐怕任何伦理学、文明都不会诞生吧。"

然而，此时再一次响起了铃声——下堂课的预备铃。

"我想说的，就是这些……没能够回答你的问题，抱歉。"

老师露出了非常遗憾的表情，然而我却获得了极大的满足感。虽然没有直接得到答案，但老师的话令我信心倍增。

"老师哪里话！真是太感谢您了！"

我鞠了个躬，大声地向老师致谢，然后转身离开了。

此时此刻，给我的人生带来巨大影响的伦理课，正式结束了。

* * *

约定的那一天，终于到来。

因为全校集会，所有学生都来到了体育馆。在他们的注目之下，我登上了讲台。作为学生会代表，不对，作为全校学生的代表，接下来我需要针对"监视君"的利弊问题，提出自己的看法。

事情起因于一年前。当时的学生会会长突然"中断"了全校集会，冲上讲台夺过话筒，强烈要求校方撤除"监视君"。

那是学生会为实现全体学生的愿望，主导的一次革命运动——最后以惨败收场。学生会会长的主张，遭到校方负责人的逐一反驳，直至体无完肤。

结果，无比尴尬的学生会会长说出"我们以后会重新探讨校方的反驳，并再一次提出异议"之后，便灰溜溜地从台上撤了下来，轰轰烈烈的革命运动就此草草了事。然而，一切远没有结束。

真正的革命一定也是如此吧。直至革命前夜还被当作英雄的革命家，一旦失败就会被民众所抛弃。学生们也不例外。

于是，寻找替罪羊的全体学生，把学生会当成了他们宣泄压力的对象，而他们的压力就源自监视君对他们的长期监视。讽刺的是，因为监视君的存在，校园内没有出现实质性的暴力行为，不过上届的学生会会长承受了精神性的暴力——极其恶劣的骚扰，最终导致他休学，学生会也名存实亡了。这是以前从来没有发生过的严重事态。

如此一来，"监视君利弊的再讨论"的承诺也被搁置。于是，此项大任就落在了我们新一届学生会成员的头上……不过这一切都发生在本人上任之前（而且本来我就不想当这个学生会会长），所以我想要装聋作哑，让这件事不了了之。但是，凡事都较真的副会长不允许我这样做，而且，从其他学生那里也可以感受到无形的压力。"革命运动"发生整整一年之后的今天，我作为现任学生会会长，需要在全校学生面前公布再次讨论的结果。

不久之前，我还对此事耿耿于怀，每每想起都会感到恶心反胃。但不可思议的是，此时的我丝毫没有那种感觉，只是想发自内心地向大家说个明白。

在全体学生面前深深地鞠了一躬后，我深吸一口气，开始发言：

"各位同学大家好，我是学生会会长山下正义。下面我来进行学生会的定期报告。

"今天给大家汇报的内容，是很早以前就提上议程的监视君的利弊问题。我们学生会作为全体学生的代表，经过长时间的讨论……现在我将讨论得出的结论——'同意保留监视君系统'，汇报给各位。"

对于我的发言，大家的失望之情显露无遗，不约而同地喊："诶？！"紧接着，体育馆内开始骚动，起哄的人数逐渐增多，犹如席卷而来的海啸。这些质疑的声音也随即变成了否定我能力与人格的怒吼。

"请大家保持安静！"

我试着提醒了一下，但收效甚微。

于是我慢慢将手指指向了天花板，并说道：

"请大家注意。此时此刻，你们的举动正在被上传到网络。在全校集会上公然辱骂他人的画面，要是被有心之人截取下来，并于将来的某天寄送到你就读的大学或者工作单位，那可不是闹着玩的！"

体育馆内顿时鸦雀无声。取而代之的是，大家都望着天花板，低声议论道："在哪里在哪里……"

其实现在的监视君系统会给所有人的脸都打上马赛克，因此不存在轻易暴露面貌的问题。刚刚这番话虽假，但起到了很好的威慑效果。

学生们安静之后，我便继续说道：

"大家还记得上任学生会会长吗？一年级的同学可能不认识，但二、三年级的同学应该还有印象吧。一年前，前辈为了实现大家的愿望，竭尽所能地发起了撤除监视君的运动。但令人遗憾的是，没能完成撤除的目标……但是，我觉得无论谁来当这个学生会会长，结果都是一样的。因为，如果存在能够与校方抗衡的优秀理论，那么早就被投入学生会的意见箱中了。但是，意见箱里没有收到任何有效的反驳理论。也就是说，本校学生中，没有一个人能改变我们目前所处的困境。

"不仅如此。各位一个个都将自己置身事外，大肆批判前会长的无能，甚至还否定他的人格，从精神上折磨他，将他逼到休学的地步。正如此时此刻，你们在下面起哄，对我进行人身攻击一样。

"但是……我只说了一句'监控器正在拍摄大家的脸'，你们就立即停止了行动。一时兴起而嬉笑怒骂的人，借此机会宣泄愤怒的人……这些人一想到自己的脸正在被网上的第三者注视着，态度就立马出现了翻天覆地的变化。

"这是怎么一回事呢？

"那是因为大家都是这样的人——'只要自己的脸不暴露出来，比如戴着口罩，就可以心安理得地向他人扔石头；但如果自己有暴露的危险，就会立刻停止行动'。刚才，大家很好地证明了自己就是这种卑劣之人。学校为了将如此卑劣的你们矫正为正常人，设置了名为监视君的监控系统，这难道不是相当有必要的举措吗？"

我的这番言论，终究还是激起了学生们的反驳。"我们才不是那样的人""不要自说自话了"——有一部分学生甚至用被直播到网上也没关系的口吻提出了异议。很明显，他们的话语中还带着敌意和憎恨。

"那么，你们又是如何应对的呢？！"

面对他们的憎恨，我毫不畏怯，"砰"的一下，将拳头砸在了放有麦克风的讲台上，然后用更富有挑衅意味的态度说道：

"非法社区、暗网。在座的各位中有人用过这些东西吧？尤其是我们学校，用的人应该不少吧？学生会办公室外的意见箱中，收到的信件除了关于投诉监视君的，还有相当一部分是在反映暗网问题的。也就是说，有些人因为现实生活遭到了监视，于是就在网络上发泄情绪，商量要收拾哪位同学……有不少这样的人，此时此刻就坐在台下。当然，我能够理解你们的心情。校园生活被监视，不知谁现在正盯着自己，而且连对话都有可能被录音，所以迫不得已逃向了非法地带。从被监视的场所，转移到没有被监视的场所。这是不足为奇的做法。

"但很遗憾，你们的安逸小窝，迟早也会遭到监视。社会普遍认为，暗网和封闭式的社交软件，已经成为孕育新型霸凌的温床。所以，在不久的将来，类似于监视君的监控系统极有可能会被安插在其中。

"啊，莫非各位以为，由于涉及隐私问题，所以不应该被监视吗？放心，绝不会有第三者偷看你和朋友之间的聊天的……但是，如果借用人工智能这种智能工具的话，结果会如何呢？比如，我们的厕所和空调中，都装有感应人体的智能设备。但没有人会对此表示不满，认为它们侵犯了我们的隐私吧。此外，还有大数据分析用户的聊天记录,然后推送其可能感兴趣的广告,如今这些都已经屡见不鲜了。也就是说,如果判断的主体是机器,就不存在侵犯人们隐私的问题。

"也就是说,人工智能设备拥有的判断能力,要比人类的更为客观。利用它们对我们未成年人的言行进行监测,一旦发现涉及犯罪或霸凌行为,就立即上报给学校或执法部门——如果引入该系统来解决大家的隐私问题的话,那些平时利用暗网说别人坏话、肆意嘲笑他人的人,你们还敢肆意妄为吗?不,你们不敢。就像刚才停止对我的攻击一样,一想到自己可能会被监视,你们是不会继续做那些见不得人的勾当的!

"当然,刚才说的人工智能不过是我的假设而已,而且估计短时间内是不会出现这种系统的。但是,我想说的并不是具体的某个问题,而是'总而言之,我们今后将会受到越来越严密的监视!'因为,我们目前所生活的社会,最初的目的就是'通过监视来调教人类'。

"监视君系统的全名为'Panopticon System'。大家知道吗,Panopticon 其实是'圆形监狱'的意思。也就是说,被我们称作监视君的监控系统,原本是为了监狱而被制造出来的,它由 18 世纪后半叶的哲学家边沁所设计。其目的在于,通过让犯人从心理上感觉到'自己始终处在被监视的状态',来将他们矫正为遵守规则的人。这和监视君的原理相同,都是利用他人的监视来矫正人们的生活方式。

"而后,边沁还提议,应当将此系统引入一切社会场所,包括工厂、医院、学校……在座的各位怎么看？大家认为监视君的存在，改变了我们的生活方式吗？我们变得更加遵守社会规则了吗？如果有所变化，那么边沁的提议就是正确的！"

刚才还高声叫嚣、发泄不满的学生们，现在都如死水一般安静。一定是意识到什么了吧。大部分学生的表情都十分复杂。

"如果，大家都因他人的监视而改变了自己的生活方式，那么今后社会将会不断强化对我们的监视。因为，这样做才能制造出对社会有益之人——'遵守规则，害怕被视为不正常的人'。而且，当我们成人的时候，这类监视系统将会布满包含网络在内的所有角落……霸凌、出轨、性骚扰、职场骚扰将会无所遁形。那么，正如边沁所设计的，理想的社会就宣告完成了。但是……"

我闭上双眼，调整呼吸。

终于走到这一步了，接下来我将说出自己真正想说的话。

"但是，生活在这样的社会中……对于我们而言真的幸福吗？不可否认，在这样的社会里，谁都会循规蹈矩地生活，一言一行皆符合常规。这样看上去貌似没有任何问题。但，即便如此，我仍然认为，生活在这样的社会中是不自由、不幸福的。难道不是吗？在踏出家门，进入监控范围的瞬间，我们便如同接通了电源的人形机器一般，开始扮演一个言行举止都无比得体的人……被如此管束的人生，既没有自由，也没有幸福。在他人视线这种'无形之物'的操纵下日复一日、年复一年地过着，这绝非我们想要的人生！

"所以，我们必须从边沁设计的监狱——监控系统——中解脱出来。

　"那么，该如何做呢?

　"我们如何才能不被他人的监视所操控，过上自由而幸福的人生?

　"答案很简单，就是'向善而生'。也就是说，按照自己认为'善'的方式去生活。当然，这里所说的'善'，指的并不是对'社会而言的善'，而是'对自己而言的善'。遵循'自己的'价值标准而行动，与他人的监视、他人的价值标准无关。不，应该说，不被他人的监视或评价所动摇，独立判断自己要做什么、应该做什么，这才是'善'的定义。简言之，我们可以将其归纳为一句话。

　"'面对成千上万的观众，或者四下无人的环境，自己都坚持要做的事情，就是对自己而言的善的事情'。

　"所以各位，请扪心自问。

　"自己心中的'善'是什么?

　"自己心中的'正确'是什么? 在没有他人监视的时候，自己想要的'人生'是什么样的?

　"当然，没有完美的人。你认为'善'的行为，可能不会带给你期望的结果，也可能会让你后悔这样做。但是，即便如此，我们也要按照自己所认定的'善''正确'去行动、去生活。因为，如果我们不以自己心中的'善'为生活准则，那么对我们而言，幸福和自由的人生便永远无法到来。

　"所以，这样生活的话，监视君在不在都没有关系了。

"与我们毫不相干！

"就算被监视，被监视君录像，被某人盯着，也无所谓！无关他人的评判，遵循自己的本心，始终朝着'善'、朝着'正义'努力生活！这种生活方式，才是将我们从全景监控系统中解放出来的办法，才是'我们获得幸福和自由的唯一出路'！"

我调整呼吸，说出了最后一句话。

"以上，是学生会关于监视君利弊的讨论结果。"

面对全体学生，我躬身致意。

没有掌声，也没有人表示赞同。但是，我的行动符合我内心的'善'，所以不管以后会受到何种对待，我都能够坦然接受。

伦理、千幸、自由姐——在密集的人群中，我找到了她们的身影。能够找回自己一直都在逃避的正义之心，皆是她们的功劳，我在心中对她们表示了感谢。

此外还有一个人——风祭老师。我向坐在教职工席位上的老师，深深地鞠了一躬，然后，带着无比舒畅的心情，走下了讲台。

终 章

正义的抉择

　　全校集会的数天后，早上，我和平常一样来到了学校，打开鞋柜后发现，里面放着一封粉红色的信。

　　鞋柜里怎么会有粉红色的信？

　　正值青春期的我，第一反应是情书，不过立刻又整理了下思绪，怀疑这可能是一场恶作剧。因为不久前才在全校集会上慷慨激昂地演讲了一番，也许有人是想捉弄我吧。

　　我战战兢兢地伸手取出信，然后拆封阅读。上面只有寥寥几行字：时间、地点，以及"有想当面说的话"。

　　然而没有落款。为了保险起见，我看了看背面，仍然没有。不过，我大概能猜到这封信的主人是谁。还行，最起码不是一封匿名的骚扰信。我舒了一口气，将信放到了背包里。

　　上次全校集会之后，我们学生会的日常事务没有发生任何变化。

　　监视君依然遍布整个校园，有人来声讨学生会也不足为奇，但不可思议的是，截至目前学生会成员并没有遭到骚扰恐吓。也就是说，在完成了最大的使命——对"监视君利弊"的问题作出回答之后，我们学生会成员的校园生活依旧如常。

如此说来，我们只需要在换届之前踏踏实实地完成分内之事即可……

放学后，我来到了信上写着的地点——体育馆的后面。等着我的人，不出所料，果然是千幸。

"我喜欢你很久了，请和我交往吧！"

刚一见面，千幸便向我告白。

"！"

虽然已经提前作好心理准备，但这实在有些突然，令我一时间不知道该如何是好。但是，"对不起！"——我说出自己早已想好的回答后，便低下了头。

按道理来说，我应该先说一段安抚对方情绪的话，"谢谢，千幸是和我最合拍的好朋友"，然后用"但是"来表示拒绝。不过，我不忍心让她先开心再难过。于是，我直接说出了结论。而后继续补充道：

"千幸，其实……我已经有喜欢的人了——"

"啊……好了好了！我早就知道了！"

"啊？"

我抬起头，意外地发现千幸满脸都是笑容。原以为她会跟我绝交，但没想到竟然如此爽快，真是令人费解。

"诶，你都知道了吗？"

"我和你当了那么多年的青梅竹马，还看不出来你的心思啊？刚才的表白，只是对过去我们俩关系的清算，你不要在意。"

千幸说完，便将扎在她双马尾上的发圈摘了下来。下个瞬间，毛躁的头发得到解放，无数呆毛耸立了起来。过去从来没有见过的奇特发型出现在我眼前。

"我不会再被过去束缚了！啊，当然了，如果你还能像以前一样，做我的青梅竹马，我会很高兴的。"千幸顶着那奇特的头发，露出了晴空般的笑容，对我说道，"所以，你打算怎么做？要去向你喜欢的那个人表白吗？"

"啊……其实我打算现在就去表白。"

"哇！是吗！你可别像我一样，告白后两秒钟不到就被拒绝了！"

千幸一直都保持着笑容，正经的话里带着些许调侃。是啊，千幸一直都是如此。

"不过，现在去刚刚好呢。这样一来她就不需要再考虑我的感受，能够如实地回应正义君的感情了。"

"什么意思呀？"

"没，这是女生之间心照不宣的秘密，你不用管。反正之前你也没察觉到我和她经常打嘴仗的原因。总之……好了！我们的对话到此结束！你去吧！"

千幸双手抓住我的肩膀，强行将我扭向后方，然后照着我的背上来了一记猛推。我趔趄着向前走着，和千幸渐行渐远。

"表白加油哦！"

千幸已经尽她最大的努力来帮助我了吧。我正准备回过头感谢她，却突然回忆起了之前就想告诉千幸的话。

"其实边沁……"

"啊？"

"啊，那个，正好我之前查了一些关于边沁的资料。以前的人，从来不去思考动物的权利之类的问题……亚里士多德、笛卡尔，连这些伟大的哲学家都满不在乎地认为，动物没有理性，故而不能被认为享有精神上的权利。在以前，人们把这种想法当作常识……但是，边沁说出了违反当时常识的言论：'长有几条腿、皮肤是否长有绒毛、骶骨孔是否闭合，这些都不能构成剥夺一个生灵享有与人类同等权利的理由。成年的马或是狗，还有其他许多有灵性的动物，显然要比一周甚至一个月大的婴儿更有理性。问题不再是它们会思考吗？或是它们会说话吗？而变成了它们会感到难受吗？为什么法律不能对一切生灵提供保障？总有一天，博爱将荫蔽所有生灵……'"

"……"

"我之前一直都认为，边沁是个类似于怪物的人。但是，经过我的调查，他的确是提出尊重动物权利的一大先驱。这也就意味着，不论是谁，何种肤色，有无残疾，甚至是动物，只要'给其带来了痛苦，就绝非善举'。也许边沁的确是一个行为极端的人，但他的内心很善良，而且比任何人都要温柔，可能温柔得有些过头了吧，跟你很像。所以……怎么说呢……千幸，感谢你一直以来对我的照顾！"

"……"

我说出了自己想要说的话，心里很满足。但，还有一句，刚从脑子里蹦出来。

"还有，我觉得双马尾更适合你！"

"傻……傻瓜！你别说废话了，赶紧去吧！"

我转身离开千幸，但是在拐弯处又遇见了自由姐。

"哎呀呀，好不容易才让她明白你的决断，结果最后又补充了一句暧昧的话，你到底要干吗呀？"

自由姐笑盈盈地问道。从这副态度来看，刚才和千幸的对话都被她听见了。

"所以，现在要去表白吗？"

"是的。"

"是吗？看来你已经作出决断了。能够在毕业前目睹你下定决心，真好啊！"

自由姐感慨良多地说道。

"右，还是左，你会选择哪条路？我还算是你的前辈，我会给你祝福的。"

"……那样的话，我会选择直走的那一条路。"不太明白自由姐的意思，我便说出了自己内心所想，

"啊哈哈，原来如此啊，还可以这样选择吗？嗯，很符合正义君的风格。"

自由姐微笑着，让我赶紧动身。不知道她有没有明白我的意思，总之，对她表示感谢之后，我又跑了起来。

一会儿我便来到了学生会办公室前的走廊里。

不过，着急的我，迎面撞上了一个刚刚从办公室里出来、抱着大箱子的女生。我和她像两根纠缠着的绳子一般，一起倒在了走廊里。她拿着的木箱"咚"的一声掉在了地上。

"痛痛痛……对不起，你没事吧——"

话音未落，我便发现了眼前的异常状况。伦理的脸，在离我不足 10 厘米的地方。而且，糟糕的是，我和伦理的姿势——伦理平躺在地上，而我则趴在她的上方。这姿势，会立即让人想到，是我把伦理强行推倒在地的。还有比这更糟糕的，我的双手——当然，我并不是故意的，它们正放在伦理的胸上，并且……由于事发突然，我下意识地，两只手都……握紧了。

我的脸瞬间变得煞白。我毫无疑问会挨一巴掌，还会"享受" 60 分钟的说教套餐。

"对、对不起！"

可能是出于恐惧吧，明明应该马上跳起来避嫌，而我却下意识地先道了歉。面对刚刚发生的事情，伦理好像已经反应过来，此时她的脸变得通红，睁大了眼睛盯着我。听了我的道歉后，她双眼似乎有些湿润，说道：

"没关系。不存在伦理问题。"

诶？！不不不！在旁人眼中，这毫无疑问，是学生会会长强行推倒副会长并袭胸的猥琐画面，怎么会不存在伦理问题呢！

哎哟，不过，刚才说的伦理，到底是哪个伦理？

"那个，爸爸……"

"爸爸？"

"是的，我去看望了爸爸。很久没见，跟他说了很多话。谢谢你。"

不知为何，这种情况下伦理居然还能向我道谢。

看到伦理没有因此生气，我终于放松下来，连忙收回双手，站了起来。此时我才注意到，如手掌般大小的纸片，散落在地面上。刚才伦理手里抱着的箱子，原来是学生会办公室外的意见箱啊。我随手捡起其中一张纸片。

上面没有名字，只有短短的一句"谢谢"。

"可真令人意外。不知什么时候，意见箱里被同学们塞满了纸条。"

说罢，伦理也捡起了地上的纸片。我们分头将如同红叶般飘落的纸片，一张一张地收集起来。我一边捡，一边阅读里面的内容——"心中的芥蒂终于消失了""心情舒畅""总之，谢谢你"，每一张上面都写着来信人的简短感受。

"正义君演讲的内容，看来很好地传达给了大家。"

"……"

"正义君！"

伦理突然用很大的声音，叫了我的名字。我从来没有见过她的脸红到如此程度。接着，她用颤抖的声音说道。

"你、你能和我的父亲见一面吗？！"

没有理由拒绝，于是我点了点头。

"我现在有一个必须去的地方，对不起！"

说完，我又一次飞奔起来。被我抛在脑后的伦理好像在喊些什么，但此时的我已经没有心思顾及她了。

我一边喘着粗气，一边推开教室的门走了进去。

被我约出来的这一位，似乎已经等候多时了。

我似乎感到自己背后有无数双眼睛在盯着——数以万计的"他者的视线"。我转过头。果然，"监视君"就在那里，如同脑残一般张着嘴巴，死死盯着我。

接下来我该怎么做？

不，不对。我明白自己该做什么。然而唯一让我感到不安的是——

他人会如何看待我。

但至少我认为，如果有人上了伦理课，仍然不敢勇敢表达，那么这家伙一定，对于伦理、正义，没有一丝一毫的理解。

何谓正义？

何谓善？

很多时候，我还是不明白。

不过，我只是在说，自己不明白何谓永恒的、放之四海皆准的、万人共通的、普遍的善与正义。而现在，"眼前的这一瞬间，我认为正确的东西、善的东西"，就存在于心中。

当然，我理解的善、正义，也许大错特错、荒谬无比。但是，即便如此，我能做的不过是遵循本心，虽然可能会迷失，但始终朝着自己眼中的"善"努力活下去。

因为，只有这样——只有"向善而生"——我们才能够在尘世间寻找到人生的真谛。

自己作出的选择，是正义之路吗？或许我犯下了大错，但即便如此，我依然——

在众人的目光中，选择向前迈出正义的一步。

图书在版编目（CIP）数据

正义教室：培养思辨力的哲学启蒙轻小说 /（日）
饮茶著；张雅蒙译. --上海：上海三联书店，2024.9
ISBN 978-7-5426-8532-2

I.①正… II.①饮…②张… III.①哲学—通俗读
物 IV.①B-49

中国国家版本馆CIP数据核字（2024）第106186号

正义教室：培养思辨力的哲学启蒙轻小说

著　　者 / 〔日〕饮茶

译　　者 / 张雅蒙
责任编辑 / 李巧媚
装帧设计 / 红杉林❀
监　　制 / 姚　军
责任校对 / 张大伟　王凌霄

出版发行 / 上海三联书店
　　　　　（200041）中国上海市静安区威海路 755 号 30 楼
邮　　箱 / sdxsanlian@sina.com
联系电话 / 编辑部：021-22895517
　　　　　发行部：021-22895559
印　　刷 / 固安兰星球彩色印刷有限公司

版　　次 / 2024 年 9 月第 1 版
印　　次 / 2024 年 9 月第 1 次印刷
开　　本 / 889mm×1194mm　1/32
字　　数 / 203 千字
印　　张 / 9.875
书　　号 / ISBN 978-7-5426-8532-2/B·907
定　　价 / 42.00 元

敬启读者，如发现本书有印装质量问题，请与印刷厂联系 0316-5925887